Snif-snif

Mi bebé ya no llora (tanto)

Snif-snif
Mi bebé ya no llora (tanto)

Marcel Rufo
Christine Schilte

LAROUSSE

EDICIÓN ORIGINAL

Dirección
Stephen Bateman

Dirección editorial
Pierre-Jean Furet

Responsable de edición
Caroline Rolland

Coordinación de redacción
Nelly Benoit

EDICIÓN ESPAÑOLA

Dirección editorial
Jordi Induráin Pons

Edición
M. Àngels Casanovas Freixas

Edición gráfica
Eva Zamora Bernuz

Traducción
Vicky Santolaria Malo

Maquetación
dos més dos, edicions, s. l.

Cubierta
Mònica Campdepadrós

Fotografías
© Marta Bacardit

© 2005 Hachette Livre
© 2009 Larousse Editorial, S.L.
Mallorca 45, 3.ª planta - 08029 Barcelona
Tel.: 93 241 35 05 – Fax: 93 241 35 07
larousse@larousse.es - www.larousse.es

ISBN: 978-84-8016-593-8
Depósito legal: NA-620-2009
Impresión: Gráficas Estella
Impreso en España – Printed in Spain

Prólogo

El llanto es una herramienta fantástica que el bebé tiene para comunicarse con sus padres, ya que nos dice todo lo que siente el pequeño, incapaz de expresarse de otro modo: si tiene hambre, si está sediento, si tiene calor, si le duele algo, si se siente abandonado, etc.

Pocos son los padres que soportan oír el llanto de su bebé sin sentir un mayor o menor grado de ansiedad. Durante las primeras semanas de vida del pequeño, algunas madres llegan incluso a vivir ese llanto como un verdadero sufrimiento. Y es que, para el adulto, llorar es siempre síntoma de un dolor físico o psíquico. En realidad, el llanto es una prueba proyectiva de la inquietud de los progenitores, que no pueden evitar poner en tela de juicio su capacidad de ser padres. ¿Son capaces de comprender las necesidades que tiene su hijo y satisfacerlas de forma adecuada?

Todos pretenden ser unos padres perfectos, pero el llanto del bebé parece abocarlos al fracaso. El llanto incomprensible es muy difícil de soportar, ya que el pequeño parece totalmente desconsolado. En realidad, esa expresión sonora es un verdadero prelenguaje. Además, no todos los llantos son iguales, ya que su timbre e intensidad varían. Escuchándolos los padres aprenden a reconocerlos y a acallarlos.

El bebé, por su parte, se da cuenta de que con su llanto llama la atención de sus padres sobre sus necesidades vitales e inmediatas y sobre la manera que tiene de percibir el mundo. Sabe que si llora, su madre, su padre o la canguro lo cogerán en brazos enseguida. Sus miradas se cruzarán y las palabras de cariño lo consolarán y lo tranquilizarán. Así es cómo nacen las relaciones de confianza y de seguridad que le permitirán crecer. Esa paz interior será la que permitirá, entre otras cosas, que la madre se aleje y que el pequeño actúe con autonomía. Esa necesidad vital es el origen del llanto de los niños de 1 año.

Hacia los 18 meses, cuando empieza a articular sus primeras palabras, el niño llora básicamente para manifestar su oposición a la voluntad educativa de sus padres. Serán necesarios unos cuantos meses, e incluso años de aprendizaje, para que sepa hacer frente a la frustración sin derramar una lágrima. No será hasta los 6 o 7 años de edad que el llanto exprese la tristeza de la pérdida. La desaparición de un animal de compañía suele ser la primera ocasión de ello.

La adquisición del lenguaje es la que otorga al llanto toda su capacidad de expresar las emociones.

Marcel Rufo

Sumario

**DESDE QUE NACE
HASTA QUE TIENE 6 MESES** 10

1. ¿Por qué los bebés lloran al nacer? 12
2. ¿Por qué los bebés lloran con tanta frecuencia durante sus primeros meses de vida? 14
3. Nuestro bebé tiene un mes y desde que nació llora cada noche. ¿Es normal? ¿Qué podemos hacer? 16
4. ¿Es capaz nuestro bebé de consolarse solo? 17
5. ¿Por qué los bebés se calman al oír la voz de su madre aunque esta no esté a su lado? 18
6. ¿Debemos esperar a que el bebé llore para darle de comer? 19
7. Nuestro bebé llora cuando la madre se dispone a darle el pecho. ¿Es normal? 20

8. Su llanto no siempre es igual. ¿Cómo podemos aprender a reconocerlo? 22
9. Nuestro bebé no soporta que lo bañemos y siempre llora mucho cuando lo hacemos. ¿Por qué? 23
10. ¿Debemos darle el chupete a nuestro bebé para que se calme? 24
11. Al final del día nuestro bebé siempre llora de forma desconsolada. ¿A qué se debe y qué debemos hacer? 26
12. A nuestro bebé parece costarle mucho conciliar el sueño. Antes de dormir, cuando lo cogemos en brazos, no para de retorcerse y de llorar. ¿Qué podemos hacer? 28
13. ¿Sabe un bebé lo que es el dolor? 29
14. Nos han comentado que los bebés lloran mucho al tercer día de nacer. ¿Cuál es el motivo? 31
15. ¿Es cierto que los bebés lo pasan especialmente mal cuando tienen un cólico? De ser así, estos serían la causa de muchos de sus lloros. 32
16. ¿Qué ocurre si dejamos que el bebé llore sin parar en la más absoluta soledad? 33
17. Algunos bebés lloran más que otros. ¿Se puede deducir que este será un rasgo de su carácter en el futuro? 35

Consejos para consolar a un bebé 37

DE 6 MESES A 2 AÑOS 40

18. ¿Es dolorosa la dentición? ¿Puede ser esta la causa del llanto de nuestro bebé? 42

19. Nuestro bebé tiene ahora 6 meses y sigue llorando mucho por la noche. ¿Qué podemos hacer? 43

20. Nuestro hijo ha dormido bien hasta los 6 meses, pero ahora lleva unas cuantas semanas que se despierta llorando. ¿A qué se debe? 44

21. Tenemos un bebé de 6 meses que acaba de empezar la guardería y le está costando adaptarse. Cuando nos vamos, llora mucho. ¿Acabará acostumbrándose? 46

22. Tenemos un bebé de apenas 6 meses. Por la noche, cuando lo acostamos, coge alguna rabieta. ¿Qué podemos hacer? 48

23. Tenemos un bebé de 8 meses que se echa a llorar en cuanto nos ausentamos unos instantes. No podemos dejarlo con nadie sin que monte un drama. ¿Cómo podemos calmarlo? 49

24. Cuando tiene una otitis, nuestro bebé llora mucho. ¿Por qué son tan dolorosas las otitis? 51

25. Tenemos un bebé de 1 año que suele despertarse varias veces por la noche con un llanto agitado. ¿Qué puede alterarle el sueño de esa manera? 52

26. Cuando nuestro bebé sufre, siempre nos preguntamos lo mismo: ¿cómo podemos evaluar la intensidad de su dolor si no puede expresarlo? 53

27. El pequeño no se separa de su peluche o de su pedazo de tela y cuando no lo tiene se echa a llorar.

¿Por qué ese objeto tiene tanta importancia para él? 54

28. ¿Qué es el espasmo del sollozo? ¿Cómo se puede tratar? 56

29. Cuando llegamos a la consulta del pediatra, nuestro hijo se pone a gritar como un loco. ¿Cómo podemos calmarlo? 57

30. Es imposible lavarle el pelo a nuestro hijo sin que se eche a llorar. ¿Qué podemos hacer? 59

31. Tenemos un hijo de un año. Hasta ahora, cuando lo dejábamos con la canguro no lloraba, pero lleva unas semanas que le cuesta mucho separarse de nosotros. ¿A qué se debe? 60

32. Las comidas se han convertido en un auténtico infierno. ¿Qué podemos hacer? 62

33. Nuestro hijo ha empezado a andar, pero se cae con mucha frecuencia. ¿Cómo podemos consolarlo? 63

34. De vez en cuando nuestro hijo se despierta en mitad de la noche. ¿Es normal? 65

35. Creemos que nuestro hijo, de la noche a la mañana, ha empezado a tener miedo a la oscuridad. ¿A qué puede deberse? . .66

36. Tenemos un hijo de 18 meses que hace muchas tonterías. ¿Cómo podemos decirle que no las haga sin que se eche a llorar? 67

37. Nuestro hijo puede llegar a portarse tan mal que a veces acabo dándole un azote. Pero cuando empieza a llorar, me siento culpable y no sé qué hacer. . . .69

Atención, ¡peligro! 71
Evaluar su sufrimiento 73

A PARTIR DE LOS 2 AÑOS 74

38. Desde hace un tiempo, nuestro hijo
de 2 años coge unas rabietas increíbles.
¿A qué puede deberse? 76

39. Cada noche nos vemos obligados
a acostar al niño a la fuerza y entre lloros,
tras haberle contado un cuento y haberle
hecho muchos mimos. ¿Qué podemos
hacer para que deje de llorar? 78

40. Desde que nos hemos mudado de casa,
nuestro hijo llora casi todas las noches.
¿Existe alguna relación de causa-efecto? .79

41. Nuestro hijo lleva un tiempo que parece
tener miedo a acostarse. Se niega a entrar
en su habitación, se agarra con fuerza a
todos los muebles y llora a lágrima viva.
¿Qué se le puede estar pasando por la
cabeza? 82

42. Nuestro hijo se despierta llorando en
mitad de la noche. Siempre nos cuenta
unas historias terroríficas. ¿Cómo
podemos ayudarle a dejar de tener
esas pesadillas? 84

43. Muchas noches nuestro hijo se sienta
en la cama y empieza a gritar.
Sin embargo, parece estar dormido.
¿Está siendo víctima de terrores
nocturnos? 86

44. Tenemos un hijo que acaba de vivir
un drama. Ha visto cómo atropellaban
a su perro y desde entonces está
desconsolado y no para de preguntarnos
cosas sobre la muerte. ¿Cómo
podemos ayudarlo a superar ese
dolor? 87

45. Nuestro hijo parece tener miedo de
todo últimamente. Se pasa el día
lloriqueando escondido entre mis
piernas. ¿Qué le ocurre? 88

46. Tenemos un hijo de 3 años al que le
da mucho miedo la oscuridad y que
en cuanto apagamos la luz de su
habitación empieza a llorar.
¿Qué podemos hacer para ayudarle
a superar este miedo? 91

47. Desde que nuestro hijo cumplió
3 años, no soporta que le impongan
nada y enseguida rompe a llorar.
¿Es algo pasajero o es que tenemos
un niño caprichoso? 93

48. En unos meses nuestro hijo irá al
parvulario. ¿Qué podemos hacer para
prepararlo para que, llegado el día,
no llore demasiado? 95

49. No podemos ir a hacer la compra
sin que nuestro hijo nos pida que le
compremos algo. Como no queremos
ceder, siempre nos monta un drama.
¿Cómo podemos hacer frente a sus
caprichos? 96

50. Nuestros dos hijos se llevan como
el perro y el gato. Se pelean, se pegan
y al final siempre acaban llorando.
¿Qué podemos hacer? 98

51. Nuestro hijo es extremadamente tímido,
hasta el punto de que se echa a llorar
cuando alguien le habla. ¿Cómo
podemos ayudarlo? 100

52. Nuestro hijo siempre está lloriqueando.
¿Es este un rasgo de su carácter? 101

53. ¿Es posible educar a un niño sin que
esto provoque continuas lloreras? 102

El llanto en las distintas etapas 105

BIBLIOGRAFÍA **109**
DIRECCIONES DE INTERÉS **110**
ÍNDICE **111**

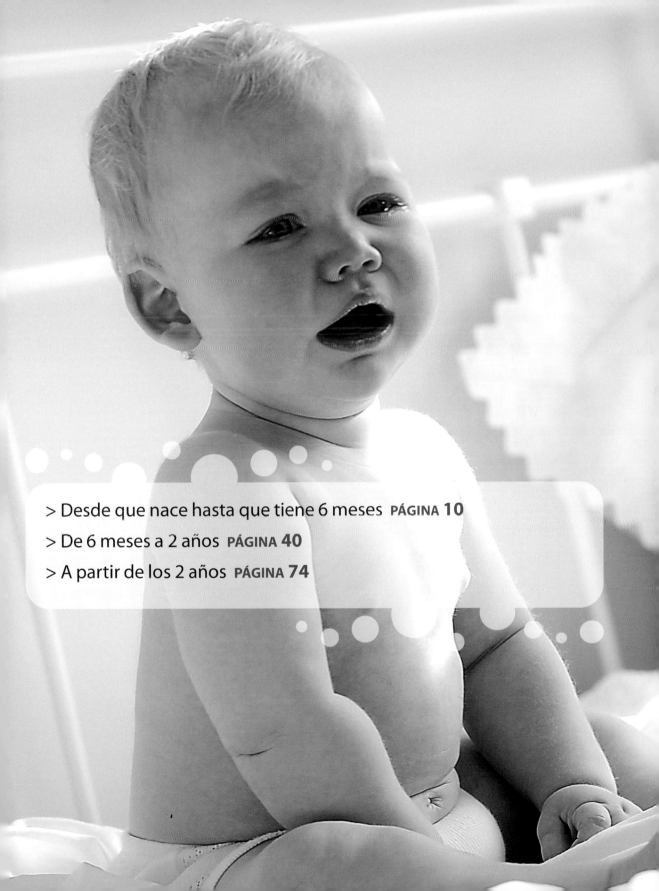

> Desde que nace hasta que tiene 6 meses PÁGINA **10**

> De 6 meses a 2 años PÁGINA **40**

> A partir de los 2 años PÁGINA **74**

Desde que nace hasta que tiene 6 meses

Vuestro bebé llora mucho, lo cual está dentro de la normalidad, ya que esa es prácticamente la única manera que tiene el pequeño de comunicarse con vosotros. Aprended a reconocer qué quiere deciros con su llanto..

¿Por qué los bebés lloran al nacer?

Por fin ha nacido. Pero, ¡oh, sorpresa! El bebé no viene al mundo con una sonrisa en los labios, sino llorando a pleno pulmón. A vosotros os invaden unos sentimientos encontrados. El bebé parece totalmente desamparado y, sin embargo, su llanto os tranquiliza.

Sí, así es, ya que su llanto significa que está vivo, que ha superado con éxito la prueba del parto e incluso que tiene cierto carácter, a juzgar por la potencia de sus berridos.

El llanto al nacer es una gran satisfacción para los padres, ya que para ellos es señal de la separación carnal del bebé y de su madre, del comienzo de una intensa relación con su hijo.

Esos llantos pueden durar unos segundos. El bebé, con gesto crispado, agita brazos y piernas, y solo recupera la calma y la tranquilidad cuando se le deposita en el seno de la madre. Es entonces cuando se dispone a buscar el pecho de su madre, en ocasiones lanzando pequeños gruñidos.

Para el recién nacido, ese primer llanto es una reacción vital. Gracias a él aparecen las funciones respiratorias y cardiacas, indispensables para la vida. Dentro del útero, la tráquea, los bronquios, los bronquiolos y los alveolos pulmonares están llenos de un líquido segregado por las células de las paredes alveolares. Ese líquido, que se renueva constantemente, es arrojado por la faringe al líquido amniótico, el cual no puede penetrar en el aparato respiratorio, ya que la glotis está siempre cerrada.

En el momento del nacimiento, bajo los efectos de la compresión del tórax y a su paso por las vías genitales maternas, buena parte de ese líquido se expulsa; otra parte se expele con el primer llanto y el resto se aspira cuando el bebé recibe los primeros cuidados en el momento de nacer. Dicho líquido es sustituido de inmediato por el aire que se introduce ávidamente a través de la boca abierta del bebé.

> Con su primer llanto, el bebé manifiesta su pertenencia al mundo aéreo. Es un mensaje que transmite a la madre, al padre y al personal sanitario.

UN PEQUEÑO CONSEJO

No todos los niños lloran de manera espontánea al nacer. Algunos parecen incluso dormir. Pero no os preocupéis, ya que algunas comadronas u obstetras les dan una palmadita en las nalgas para despertarlos y comprobar su reacción. Por lo general, basta con colocar al recién nacido sobre el vientre de su madre para que se calme por completo. Esta reacción satisface plenamente a la madre, ya que prueba que está especialmente dotada para consolar a su bebé.

Gracias a ese primer llanto, el aparato respiratorio del bebé entra por primera vez, y de por vida, en contacto con el aire. La glotis se entreabre gracias a un movimiento reflejo, los músculos inspiratorios se contraen de forma violenta y provocan una depresión del tórax. De esta forma, el aire desciende al árbol respiratorio y su llegada permite el despliegue de los alveolos pulmonares. La primera expiración, que parece un acto reflejo, deposita un poco de aire en los alveolos. Este aire es indispensable para la buena continuidad de los intercambios gaseosos vitales y para la reabertura de los alveolos en el momento de la segunda inspiración.

Las primeras inspiraciones y el clampaje (cierre con una pinza) del cordón umbilical transforman considerablemente la circulación sanguínea del bebé. El agujero de Botal que permitía la comunicación de las dos aurículas del corazón del feto está obstruido por una membrana que, al igual que una válvula, abre el orificio si se produce una diferencia de presión sanguínea. Una mayor presión de oxígeno en la sangre provoca una nueva contracción del canal arterial que mezclaba la circulación pulmonar fetal con la circulación general del resto del cuerpo del bebé. De este modo se establece la doble circulación, indispensable para la vida aérea.

Para algunos especialistas, el llanto al nacer no es simplemente un reflejo de supervivencia, sino también la manifestación de cierto disgusto. Lo cierto es que en apenas unos minutos el bebé está sumergido en un mundo desconocido. Ha de abandonar la comodidad y calidez del líquido amniótico y dejar atrás el calibrado entorno del útero. El aire que entra en sus pulmones y que acaricia su piel debe parecerle frío comparado con los 37 °C de la vida intrauterina. El pequeño descubre la luz, los ruidos y la gravedad, la cual dificulta cualquier mínimo gesto por su parte. ¡Es comprensible, pues, que todo ello le ponga de mal humor!

El llanto al nacer no indica que al niño le duela algo; como mucho, que está incómodo.

De entre todos los mamíferos, el hombre es el ser que nace más inmaduro. Carece totalmente de autonomía, por lo que necesita imperiosamente de los cuidados de sus padres. La naturaleza es sabia y le ha concedido el llanto para así llamar nuestra atención.

2 ¿Por qué los bebés lloran con tanta frecuencia durante sus primeros meses de vida?

El llanto de vuestro bebé os resultará más «molesto» cuanto más frecuente sea y, sobre todo, cuanto más estridente sea. Un recién nacido tiene mucho fuelle. La frecuencia sonora de sus lloros es superior a la de un niño de más edad y suele duplicar la del tono de voz normal de sus padres.

Menos mal que los bebés tienen la capacidad de llorar, ya que al no saber hablar todavía, esa es prácticamente la única herramienta de que disponen para expresar sus sentimientos.

Sin el llanto, serían incapaces de establecer una primera relación con sus padres. De este modo reclaman su atención para que satisfagan sus necesidades básicas, como el hambre, la sed, la incomodidad, el dolor, pero también para mostrar su insatisfacción y su necesidad de afecto.

Tal vez vuestro hijo tenga demasiado calor. El calor excesivo genera estrés e irritación en el niño. Una temperatura inadecuada en su habitación puede ser la causa de trastornos del sueño que se manifiestan a través del llanto. Recordad que basta con una temperatura de entre 18 y 20 °C. Tampoco debéis tapar al bebé en exceso, sobre todo durante las primeras horas de la noche, ya que entonces es cuando suda más.

Tal vez tenga sed, sobre todo si es verano. Su petición se manifiesta a través de lloros sin motivo aparente entre dos comidas. Un poco de agua sin gas y sin azúcar bastará para tranquilizarlo. Los bebés de poco tiempo son especialmente vulnerables al calor, ya que el sistema interno que regula la temperatura de su cuerpo actúa regido en gran medida por la transpiración. En los bebés de apenas unas semanas, todavía no se ha establecido este mecanismo, por lo que su medio de defensa es la respiración, un poco como sucede en los animales. El niño respirará de forma más acelerada y jadeará.

El bebé habla mediante gritos y lloros, mientras toda la familia juega al juego de la interpretación. Los padres, especialmente, adoptan unos comportamientos mágicos de forma natural que suelen consistir en un cuerpo a cuerpo tranquilizador. Si os mostráis lo más serenos y

UN PEQUEÑO CONSEJO

En realidad, los bebés siempre lloran por un buen motivo, si bien a menudo este es de lo más banal. Por ejemplo, algunos niños odian estar mojados e ir con el pañal sucio. ¿La solución? Cambiarles el pañal. En ocasiones el pequeño sigue llorando, sobre todo si lo acuestan de inmediato tras el cambio de pañal. Dadle tiempo para que, en brazos, aprecie durante unos instantes lo cómodo que está antes de meterlo en la cuna.

tranquilos posible y le explicáis a vuestro bebé que no entendéis muy bien qué es lo que lo agita pero que queréis ayudarlo, que estáis allí para ocuparos de él, le permitiréis que no se sumerja en el ciclo infernal de los lloros.

El llanto también ayuda a que los padres sean conscientes del indispensable paso del bebé imaginario al bebé real. Si la madre sufre una depresión posparto severa o el bebé es especialmente gruñón, el sentimiento de apego puede verse afectado, lo que en ocasiones requiere ayuda psicológica.

Los lloros seguramente influyen en la forma en que se construyen las primeras relaciones padres-hijo. El pequeño tiene la capacidad de reconocer la voz de sus padres entre las demás y a sus progenitores les bastarán apenas unos días para aprender a reconocer el llanto de su hijo entre todos los de los niños de la maternidad.

Una de las causas de los primeros lloros de los bebés es la incomodidad por unos pañales sucios.

UN PEQUEÑO CONSEJO

Es indispensable responder siempre al llanto del bebé. Si hacéis caso omiso, el pequeño podría creer que sus lamentos son vanos y que no puede esperar nada de vosotros. Tal vez se siente muy solo y tiene ganas de participar en la vida que lo rodea ¿Qué tiene esto de anormal?

SABER +

Los bebés de apenas unos días no tienen lágrimas. Aunque resulte extraño, está dentro de la normalidad, ya que sus conductos lagrimales aún no se han abierto. Estos dos pequeños canales permiten que las lágrimas fluyan desde los ojos hacia la nariz. Situados en el borde interno inferior del ojo, constan de una bolsita en la que se acumulan las lágrimas y de un canal que los une a las fosas nasales. Si la ausencia de lágrimas persiste más allá de la primera semana, consulta a vuestro pediatra.

Nuestro bebé tiene un mes y desde que nació llora cada noche. ¿Es normal? ¿Qué podemos hacer?

No os preocupéis; vuestro hijo se comporta como el resto de los niños de su edad. Y es que son muy pocos los bebés que duermen toda la noche. Su reloj biológico está programado para despertarse cada tres o cuatro horas.

El llanto está provocado, básicamente, por el hambre, tanto si toma el pecho como si se alimenta con biberón. La única solución, tanto para que el niño como los padres vuelvan a dormirse, consiste en darle una toma y volver a acostarlo. Saciado, se sumirá de nuevo en el sueño hasta el amanecer. Hoy en día, dar una toma al bebé por la noche antes de cumplidos los 3 meses ya no se considera ceder a un capricho. Al contrario, se cree necesario para el desarrollo del niño, quien adapta sus peticiones a las necesidades de su organismo. El nivel de azúcar en la sangre de un bebé debe ser siempre constante y su organismo necesita reponer las reservas regularmente.

Dejar que un niño de pocos meses llore sin que un adulto lo consuele es perjudicial, tanto para el bebé como para sus progenitores, ya que el niño no dejará de llorar aunque sepa que no va a ver satisfechos sus deseos. Al final le vencerá el agotamiento y se dormirá enfadado y angustiado. Pero es muy probable que, muerto de hambre, se despierte nuevamente al poco tiempo. El hecho de no ver satisfecha una necesidad puramente fisiológica suele desencadenar un trastorno del sueño. Existe el riesgo de que el bebé asocie la angustia de no recibir alimento con la oscuridad que lo rodea. Cuando crezca, ya no llorará de hambre por la noche, sino de miedo, lo que alterará durante muchos meses el sueño de la familia.

Por suerte, las noches agitadas no duran eternamente. Muchos niños dejan de reclamar el biberón en mitad

Si el bebé lo solicita, hay que darle el biberón de media noche hasta cumplidos los 3 meses.

de la noche cumplidos los 2 meses, cuando suelen alcanzar los 5 kg. Dos elementos os servirán para saber que ha llegado ese momento: el niño ya no llorará sistemáticamente cada noche, y poco a poco será capaz de espaciar el último biberón del día y el primero de la mañana.

Sin embargo, cada vez serán más frecuentes los episodios de llantos «inconsolables» y sin motivo aparente al final de la jornada. Es lo que se denomina la «ansiedad del anochecer».

UN PEQUEÑO CONSEJO

La única manera de que ambos padres no acaben rendidos durante esta etapa de la vida del bebé consiste en alternarse. Así, el padre puede ocuparse de darle la toma nocturna del viernes y el sábado, ya que esos días puede recuperarse levantándose más tarde o durmiendo una siesta, y la madre puede encargarse de esa tarea el resto de la semana y recuperar las horas de sueño durante el día, mientras el bebé duerme.

4 ¿Es capaz nuestro bebé de consolarse solo?

Teóricamente sí, pero no todos los bebés tienen esta capacidad al nacer. Así lo ha puesto de manifiesto el famoso pediatra estadounidense Berry Brazelton, quien defiende que se someta al pequeño a esta prueba cuando nace, como complemento a otras pruebas neurológicas clásicas.

Al igual que estas últimas, las pruebas del doctor Brazelton controlan cierto número de competencias del recién nacido, solo que en este caso con el objetivo de ayudar a los padres a adaptarse al pequeño y de proporcionarles algunas indicaciones sobre la mejor manera de cuidarlo según su personalidad. Dichas pruebas se realizan en cualquier momento desde que el niño nace hasta que cumple su primer mes.

Para que un bebé se calme ligeramente han de combinarse cuatro reflejos. En primer lugar, el pequeño intenta ponerse de lado. Para ello gira la cabeza, deja los brazos tensos y hace fuerza con el cuerpo. A continuación, por un movimiento reflejo, se lleva un brazo a la boca. Le falta lo más difícil: conseguir que la boca y la mano se toquen. Para ello, el bebé mueve la cabeza de derecha a izquierda hasta encontrar la mano. Solo así puede chuparse el dedo o el puño. Por fin está en paz consigo mismo. Por lo general, el bebé logra adoptar solo esta postura confortadora cuando está en la cuna, si bien algunos niños necesitan ayuda.

Existen algunos gestos que pueden ayudarlo a tranquilizarse. Podemos empezar por susurrarle al oído unas palabras apaciguadoras. Al oírlas, el niño se llevará la mano a la boca. Si nuestra voz no es suficiente,

> Las capacidades del bebé son las que indican a los padres qué grado de asistencia necesita el pequeño para acabar con sus crisis de llanto.

podemos tomar los brazos del bebé y cruzarlos sobre su pecho. Este gesto romperá el ciclo lloros-suspiros. La presión física, acompañada de la exhortación vocal, suelen acallar el llanto. Otra táctica es coger al niño en brazos y hacerle unos mimos mientras llevamos su mano a la boca.

Auque el médico determine que el bebé que está evaluando no es un niño fácil, podrá tranquilizar a los padres enseñándoles los gestos que pondrán fin a sus inquietudes.

> La mayoría de los bebés encuentra un gran consuelo chupándose el dedo o el puño, algo que seguramente ya hacía en el útero.

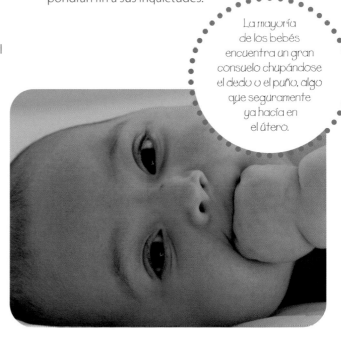

5 ¿Por qué los bebés se calman al oír la voz de su madre aunque esta no esté a su lado?

Para el niño que acaba de nacer, la voz de su madre es un recuerdo de su vida anterior. Está asociada a un sentimiento de seguridad e incluso de placer. Numerosos experimentos han revelado la capacidad que tiene el feto de oír y reconocer primero la voz de su madre y luego la de su padre.

La voz de la madre tiene un extraordinario poder para calmar a los bebés porque son capaces de reconocerla.

El feto capta los ruidos del exterior y del interior a partir de la semana 22 de gestación y su audición es normal a las 35 semanas. El futuro bebé percibe con bastante claridad la voz de su madre, ya que es relativamente aguda. Con una potencia media de unos 60 decibelios, llega al oído del pequeño con una intensidad de 24 decibelios. Ese es el sonido que oye mejor, ya que le llega en estéreo tanto del interior como del exterior.

En cambio, solo oye la voz del padre con una intensidad de 8 a 12 decibelios. No entiende las palabras, pero reconoce la entonación y, por tanto, su carga afectiva. También es sensible al ritmo de lo que se le dice. Todo ello explica que un bebé es capaz de distinguir la voz de su madre de la de otras mujeres.

Además, la voz de una madre que habla a su bebé una vez este ya ha nacido es igual que la que oía antes: es bastante aguda, la articulación es lenta, repite muchas palabras y frases y la entonación está muy marcada. La madre suele acompañar su discurso con gestos. Su rostro se mueve y al bebé eso le encanta. A pesar del desconcierto que muestra a través de su llanto, mira y escucha a su madre. La seducción ha surtido efecto. El pequeño

UN PEQUEÑO CONSEJO

Algunas investigaciones han demostrado que la voz de la madre calma al bebé que está llorando. En cambio, si el pequeño está durmiendo, esa misma voz suele llamar su atención y estimularlo. También se da el caso de que el pequeño escuche a sus padres conversando tranquilamente y se duerma, arrullado por la mezcla de sus voces.

la mira todavía con más atención y se calma casi por arte de magia.

La magia es aún más efectiva si la madre le canta una nana y lo mece, ya que el bebé recuerda el dulce balanceo experimentado en el vientre materno. Técnicamente el fenómeno es simple: el niño regula la respiración y el ritmo cardiaco mediante ese movimiento de vaivén, que ha de ser más bien lento y marcado. Las canciones de cuna poseen unas melodías lentas y repetitivas llenas de palabras dulces. Calman al bebé simplemente porque al escucharlas su ritmo cardiaco se ralentiza.

Pero, ¡ojo! Si la madre está cansada o tensa, su voz no tendrá las mismas virtudes. Según sea el tono, podrá incluso no resultar de ninguna utilidad. Es muy probable que entonces la madre, consciente de su ineficacia, se ponga más tensa y se sienta invadida por un sentimiento de culpabilidad: ¡no es la madre perfecta que le gustaría ser!

6 ¿Debemos esperar a que el bebé llore para darle de comer?

Hoy en día, la mayoría de los pediatras recomiendan dar el pecho o el biberón al bebé a demanda, es decir, cuando este lo solicita. En general, en cuanto tiene hambre, se despierta y rompe a llorar, lo que sucede cada tres o cuatro horas.

Este ritmo viene marcado por las necesidades de azúcar y grasas de su organismo. El mantenimiento de su cuerpo a 37 °C, el funcionamiento de sus órganos y sus movimientos queman calorías constantemente y, por lo tanto, azúcar y grasas, cuando su organismo todavía no es capaz de almacenarlos mucho tiempo. En cuanto su tasa baja, el bebé siente hambre, lo cual a esta edad le produce una sensación desagradable e incluso dolorosa.

La glotonería con que se amorra a la tetina o al pecho revela su impaciencia. En cuanto su estómago empieza a llenarse de leche, se siente más disponible para mirar a la persona que lo está alimentando e interactuar con ella. De este modo satisface a la vez el hambre y la necesidad de afecto.

Cuando el bebé tiene hambre, llora de una forma especial para llamar la atención de su madre y se calma en cuanto empieza a alimentarse.

El bebé enseguida aprende a decir que quiere leche y contacto físico.

Sin embargo, no hay que caer en la trampa de alimentar al bebé en cuanto profiere el más mínimo grito, ya que, de hacerlo, el pequeño adquiriría la mala costumbre de comer a cualquier hora. Si observáis a vuestro bebé durante las primeras semanas, podréis haceros una idea de sus ritmos alimentarios: ritmo corto cada dos horas, ritmo largo cada cuatro horas, ritmo normal cada tres horas. Si toma el biberón, la frecuencia será menor que si toma el pecho, ya que con el primero se puede controlar perfectamente la cantidad de leche que ingiere.

UN PEQUEÑO CONSEJO

Es normal que os inquiete saber si le estáis dando suficiente leche a vuestro bebé si toma el pecho. El ritmo de las comidas y la cantidad de alimentos absorbidos serán dos de vuestras principales preocupaciones durante mucho tiempo, ya que alimentar a un bebé es un gesto esencial de maternidad, puesto que significa dar la vida.

7 Nuestro bebé llora cuando la madre se dispone a darle el pecho. ¿Es normal?

No es extraño que ese momento que debería ser uno de los más agradables para el bebé se convierta en un momento de lágrimas. Todo depende de las circunstancias. Así, si lo han despertado y eso le pone de mal humor, ese gesto le producirá una sensación de malestar y de inseguridad que manifestará de inmediato a través del llanto.

No obstante, puede haber otras razones que desencadenen su ira. Tal vez sí tenga hambre, pero, acostumbrado como estaba en el útero materno a alimentarse cuando quería y sin esfuerzo, considera que el nuevo método que le proponen no se adapta tan bien a sus necesidades. Y eso lo exaspera.

También puede ser que haya tenido que esperar a que su madre se prepare mientras él padecía esa horrible sensación de hambre. Cuanto menor es el bebé, más le cuesta calmarse. Sumergido en un mar de emociones, se deja dominar por un sentimiento de inseguridad. Dadle tiempo para que se recupere meciéndolo y ya veréis cómo al cabo de unos minutos dejará de llorar.

Si no eructa, el bebé puede sentir acidez en el esófago, lo que le provocará una sensación dolorosa.

Al recién nacido también puede sorprenderle tener que realizar un esfuerzo para alimentarse. Aunque la succión es un reflejo innato, algunos niños necesitan un verdadero aprendizaje.

Desde que nace hasta que tiene 6 meses ● 21

La desesperación por comer puede hacer que sea complicado alimentar al bebé. Debéis intentar calmarlo y respetar sus horarios.

No maman con la fuerza suficiente o no colocan bien la lengua para succionar de forma eficaz. Estos bebés se ponen nerviosos porque no logran saciarse rápidamente.

Por último, algunos niños muy hambrientos lloran sobre todo durante las últimas tomas del día. Esto se debe a que la leche materna tiene una composición que varía en el curso de 24 horas. A primeras horas del día la leche es pesada y, por lo tanto, satisface plenamente al bebé, pero al final del día es más ligera, por lo que a veces el pequeño no tiene la sensación de haber comido suficiente.

También puede ocurrir que el bebé llore cuando ya no tenga más hambre. De este modo manifiesta un malestar digestivo provocado por una hinchazón dolorosa del estómago debida al aire que ha tragado mientras mamaba. Eructar le aliviará. Otros bebés, sobre todo si se han acostumbrado a tomas muy largas, lloran cuando se les aparta el pecho. Por lo general, la toma no debería exceder de un cuarto de hora, ya que hacen falta unos 8 o 10 minutos de media de succión normal para vaciar cada pecho. Cuanto más esperéis, más difícil será retirarle el pecho al niño. Proceded con suavidad y acompañad el gesto de retirada con palabras tiernas y caricias.

UN PEQUEÑO CONSEJO

Tras la toma, recostad al bebé sobre vuestro hombro y, si es necesario, dadle unas palmaditas en la espalda. El eructo os indicará que ya podéis acostarlo, aunque podéis mantener al bebé unos minutos en brazos antes de depositarlo cuidadosamente en la cuna.

8 Su llanto no siempre es igual. ¿Cómo podemos aprender a reconocerlo?

El llanto es el primer lenguaje que posee el bebé. Ese es su modo de expresar lo que siente y de comunicarse con sus padres. Sus lloros significan cosas tan diferentes como que tiene hambre, que está mojado, que tiene mucho calor, que tiene sed o que se siente inseguro.

En resumen, un bebé siempre tiene una buena razón para llorar. Antes de cumplir un mes, el bebé modula el llanto y será con el paso de las semanas que los padres irán adquiriendo experiencia para interpretarlo y soportarlo. Las investigaciones realizadas sobre los lloros comunes a todos los bebés han revelado la existencia de varios tipos de llanto con significados diferentes.

Los bebés utilizan diferentes formas de llorar para comunicarse con sus padres; estos pronto aprenderán a distinguirlas.

El llanto fruto del hambre se caracteriza por un sonido estridente seguido de una inspiración. Va acompañado de un silbido corto y un silencio, tras el cual el pequeño prorrumpe en un llanto continuo, medianamente agudo pero insistente. El bebé agita la cabeza de forma enérgica y permanece con la boca abierta, dispuesto a aferrarse al pecho materno o a la tetina del biberón y a la espera de ver cómo sus padres satisfacen sus deseos. El primer reflejo de los padres al ver a un bebé llorando suele ser darle de comer. Si el niño rechaza el alimento de inmediato, se agita y rompe a llorar de nuevo verán que se han equivocado a la hora de interpretar su llanto.

El llanto producto del enfado presenta diferentes timbres en función de la fuerza con la que pasa el aire por las cuerdas vocales. Ahora bien, todos esos timbres poseen algo en común: son agudos y ponen a prueba los oídos de sus padres. El llanto de dolor también es muy característico. Al principio es breve y potente, con una respiración cortada. Va seguido de un silencio y luego de una inspiración que da paso a una serie de sollozos espiratorios. El bebé no se calma ni aunque lo cojan en brazos.

El llanto de frustración es una variante del llanto del dolor. Va seguido de un largo silbido espiratorio y reiterado. Es el llanto, por ejemplo, que emite un bebé al que se le retira el pecho o el biberón cuando todavía tiene hambre.

El llanto originado por el cansancio parece, al principio, un lloriqueo que luego se transforma en un llanto de desamparo. Si acostamos al niño en la cuna, sus lloros pueden devenir en sollozo, pero al final el bebé acaba por dormirse.

El llanto producto del aburrimiento está marcado por unos silencios que pretenden comprobar la eficacia de los lloros y que cesa en cuanto el niño oye acercarse a sus padres.

A partir de las tres semanas de edad, los padres reconocerán de inmediato el llanto destinado a llamar su atención. Todos estos lloros exigen una respuesta. Por lo general, la mayoría de los padres, de manera espontánea, empiezan por hablar a su bebé al borde de la cuna para preguntarle sobre el porqué de su llamada y para tranquilizarlo con su presencia.

> El placer se expresa a través de un gritito breve y fuerte, previo a unos grititos de alegría.

UN PEQUEÑO CONSEJO

Acariciarle la mejilla o sujetarle las manos no siempre son suficientes. A menudo, lo que el bebé reclama es que lo cojan en brazos. Al principio esa postura lo tranquiliza, ya que le ofrece afecto. Pero, al cabo de los meses, le gustará estar ante el mundo que lo rodea y a través de su llanto manifestará, cada vez con mayor frecuencia, su necesidad de compañía y sus deseos de participar en la vida familiar.

9 Nuestro bebé no soporta que lo bañemos y siempre llora mucho cuando lo hacemos. ¿Por qué?

El bebé suele vivir la hora del baño como un momento de gran inseguridad. Acostumbrado a vivir en el útero materno, un universo con unos límites bien definidos, se siente perdido ante una inmensidad sin límites perceptibles.

El mero hecho de desnudarlo le provoca una sensación de pánico. Al quitarle la ropa, tiene la impresión de que se deshace de aquello que lo envuelve. Utiliza entonces, para protegerse, el reflejo de Moro, un reflejo innato que consiste en que, ante un cambio brusco de postura, el bebé levanta los brazos y los separa, abriendo las manos, para luego llevarse los brazos al pecho y echarse a llorar. Unas palabras de cariño y el simple hecho de sujetarle la mano bastarán para calmarlo.

A vuestro bebé los gestos de la hora del baño también pueden resultarle más o menos agresivos, además de sentir frío al estar desnudo envuelto en la toalla. A muy pocos niños les gusta que su madre o su padre les limpien los mocos; otros odia que les sujeten la mano firmemente para cortarles las uñas. Una vez más, una manipulación suave y unas palabras de cariño ayudarán a hacer ese momento algo más agradable. En ocasiones, el baño es para algunos una prueba. En cuanto su piel toca el agua, se ponen a chillar. Si agitan los brazos y las piernas, el agua les salpica la cara, que es lo que más odian. No insistáis, esperad a que el bebé esté de buen humor y vosotros, más relajados. Y no os preocupéis, pues todos los bebés acaban encontrando el baño como un momento de relax y de juegos.

> El miedo a lo desconocido es lo que también motiva sus lloros durante las primeras semanas.

> Aunque al principio llore, el baño pronto se convertirá en un momento relajante para el bebé.

UN PEQUEÑO CONSEJO

El baño no es únicamente un momento de higiene, sino que ha de ser también un momento de placer y de comunicación intensa entre el progenitor y el bebé. No os preocupéis, a todos los niños acaba gustándoles el agua, incluso aunque sus primeros baños sean algo agitados.

10 ¿Debemos darle el chupete a nuestro bebé para que se calme?

En inglés americano, el chupete recibe el nombre de «pacifier». Su función no puede expresarse de forma más clara. Pero, ¿por qué posee el chupete semejante virtud? La necesidad de mamar, innata y fundamental para el bebé, es fisiológica, pues sin ella el niño no lograría alimentarse.

La succión es un reflejo arcaico como el hecho de caminar o el de agarrar. Es el único medio que tiene vuestro bebé de acceder al estadio oral, ese estadio de la evolución que le proporciona una primera experiencia de su entorno. Si no le ofrecéis una herramienta como el chupete para satisfacer esa necesidad, es muy probable que recurra a su dedo pulgar. Por otra parte, es posible que ya lo haya experimentado en el útero materno. Chuparse el dedo o succionar el chupete proporciona al niño una sensación de bienestar y de placer. Algunos bebés no cogen el chupete o el dedo de inmediato, ya que el número de veces que toman el pecho o el biberón ya los satisface. Más tarde, hacia los 4 o 5 meses de vida, el cambio en la alimentación implica la reducción del número de ocasiones para succionar, momento en que el bebé empieza a chuparse el dedo o a no desprenderse del chupete.

En el caso de los bebés y de los niños pequeños, la succión sigue siendo una manera extraordinaria de luchar contra una ansiedad incipiente. Tender el chupete o conducir el dedo hacia la boca son dos gestos de emergencia para acallar cualquier tipo de llanto. Al realizar esta práctica autoerótica, el niño suele quedarse como ausente. El pequeño se centra nuevamente en sí mismo y cae en una especie de ensoñación.

> Los niños africanos y asiáticos, que pasan los primeros años en contacto permanente con su madre, no necesitan chuparse el dedo pulgar para hallar un poco de consuelo.

o el chupete van acompañados de un trapo o de un muñeco de peluche, objetos transicionales por excelencia que ayudan al niño a soportar la pena y la tristeza que le causa ver alejarse a su madre. La única dificultad que plantea el uso del chupete es que se pierde en la oscuridad. Así, cuando el niño se sume en un sueño profundo, succiona con menos fuerza y el chupete se le cae. Acostumbrado a dormirse con él, el pequeño desea recuperarlo en cuanto entra en una fase de sueño ligero. Antes del año, el bebé es incapaz de desenvolverse solo, con lo cual empieza a llorar para reclamar la ayuda de sus padres, que se ven obligados a levantarse. Otra particularidad del chupete es que siempre se pierde cuando salís de viaje. Justo en el momento en el que más lo necesitáis, no aparece por ningún sitio.

> Succionar el chupete calma al bebé, lo mismo que chuparse el dedo. La opción de darle o no el chupete depende de cada padre.

¿Qué es mejor: el dedo o el chupete? Cada uno tiene sus partidarios y sus detractores, de modo que decidirse por uno u otro es un asunto delicado. La verdadera diferencia está en su uso: el niño recurre de forma natural a su dedo pulgar para calmarse, mientras que su padre o su madre suelen darle el chupete para dejar de oír sus lloros. Al chupar, el niño encuentra una calma interior que ha podido verse alterada por un entorno más o menos agresivo. De este modo, se aísla en su burbuja y se libra a un placer similar al de haber acabado de mamar y estar saciado de leche, en el regazo de su madre, rodeado de su calor y su olor. Si ya no tiene hambre, si nada lo molesta, si se siente totalmente a salvo, pasa a un estado de semiconsciencia que lo empuja suavemente hacia el sueño. A menudo, el dedo

UN PEQUEÑO CONSEJO

Colocad un cordón provisto de una pinza en el chupete y antes de salir de un lugar aseguraos de que está bien fijado a la ropa del niño.

11 Al final del día nuestro bebé siempre llora de forma desconsolada. ¿A qué se debe y qué debemos hacer?

Algunos bebés viven un episodio de llanto difícil de interpretar a esas horas del día. Se trata de unos lloros que surgen sin razón aparente y casi siempre a la misma hora.

De repente el bebé se retuerce, hace muecas y agita sus miembros alocadamente. Sus gritos revelan una sensación de malestar. Ese llanto surge alrededor de la tercera semana, suele aumentar en la sexta y finaliza hacia la décima. Por lo general se produce entre las 18 y las

> Parece ser que el llanto del final del día está ligado a una inmadurez del sistema nervioso y que se trata de una simple manifestación fisiológica pasajera y sin consecuencias.

19 h. Incluso hay niños que lloran cada día a unas horas determinadas.

La «ansiedad del anochecer» se manifiesta de manera diferente según los bebés. No se conoce la causa de este episodio de llanto al final del día, y las explicaciones dadas por los psicólogos y los pediatras se aproximan más a la suposición que al diagnóstico.

UN PEQUEÑO CONSEJO

También podéis sentar al bebé en el regazo, con su espalda recostada en vosotros. Sujetadle la espalda con una mano y pasadle la otra bajo los antebrazos. También podéis colocarlo en una mochila portabebés y recostarlo sobre vosotros. Habladle al oído, decidle que lo entendéis y que lo queréis. Es muy probable que al cabo de 5 o 10 minutos se calme, aunque a veces ese sosiego dura tan solo unos instantes y luego el bebé se agita de nuevo.

Para algunos se debe a un exceso de nerviosismo debido a la cada vez mayor participación del bebé en las actividades que se desarrollan a su alrededor. A lo largo del día, el bebé ha vivido en un entorno ruidoso (ruidos domésticos, de perros, de la calle, de la radio o la televisión, voces de los vecinos), ha tenido que adaptarse a situaciones de separación y de reencuentro (la guardería, la canguro, etc.), ha descubierto la calle y el parque, y ha visto otras caras que no conocía. En resumen, se han producido numerosos estímulos. En un principio le resultan gratos, ya que a los bebés les gusta la novedad y el movimiento, pero, conforme va avanzando el día, a su sistema nervioso, todavía inmaduro, le cuesta soportarlos.

Mediante esos lloros, el bebé se libera de las tensiones físicas y psíquicas acumuladas durante todo el día. Su enorme cansancio se traduce en un increíble estado de excitación. Los padres observan este comportamiento, sobre todo, los días en que la familia tiene muchas visitas. Las voces desconocidas, los olores nuevos, los gestos torpes, el ruido del ambiente, los momentos de descanso más cortos, entre otros, perturban la vida del bebé, que solo desea estar tranquilo. No es extraño, pues, que ese niño, abrumado por tanto movimiento, manifieste su cansancio mediante el llanto.

Para otros especialistas, ese llanto revela la sensación difusa de la insatisfacción de sus necesidades, a menos que esté relacionado con el miedo ancestral de tener que abandonar el día por la oscuridad de la noche. El anochecer sumiría a los niños en un estado de melancolía. Esos bebés no requieren necesariamente que los cojan en brazos. A menudo, la mera presencia de su padre o de su madre al lado de la cuna los tranquiliza.

La explicación de que ese llanto sea producto de un cólico resulta cada vez más insostenible. De hecho, la alimentación de los niños, ya sea con leche materna o leche de inicio, no influye de ninguna manera en la ansiedad del anochecer.

Lo primero que se debe hacer es comprobar que nada molesta al niño y que no tiene hambre. A continuación, se puede tratar de tranquilizarlo cogiéndolo en brazos. El bebé debe recostarse en el hombro, con el vientre apoyado sobre nuestro abdomen y la parte inferior del tronco bien sujeta. También se le puede colocar a horcajadas en el antebrazo, con la cabeza apoyada en el hueco del codo y nuestra mano entre sus piernas. Se le debe acunar mientras vamos paseando por la casa, evitando entrar en las habitaciones en las que haya demasiado ruido o demasiada luz. Ante todo, lo que hay que transmitirle es tranquilidad.

UN PEQUEÑO CONSEJO

Es indispensable responder a los lloros del bebé. De no ser así, el niño podría creer que sus lamentos son en vano y que no puede esperar nada de sus madres. No lo dejéis solo mientras llore, intentad hacer que se sienta seguro. Para ello cogedlo en brazos y decidle que lo queréis pese a su rabieta. Tened paciencia y procurad no agobiaros ni poneros nerviosos. Al final, el niño acabará por tranquilizarse e incluso por dormirse. Este periodo de lloros anuncia noches más tranquilas, ya que las tomas serán menos frecuentes y a unas horas determinadas. Después de todo, ¡es una buena noticia!

Es importante responder a los lloros de los bebés para que no se sientan solos y desconsolados.

12 A nuestro bebé parece costarle mucho conciliar el sueño. Antes de dormir, cuando lo cogemos en brazos, no para de retorcerse y de llorar. ¿Qué podemos hacer?

La fase de adormecimiento es un momento delicado y, por lo tanto, exige cierta atención. Así pues, es mportante establecer un ritual a la hora de acostar al bebé desde sus primeros meses de vida. Poco a poco, el pequeño irá conociendo todas las etapas del ceremonial que lo conduce al adormecimiento.

El ritual suele comenzar por el baño al final de la tarde. El agua caliente provoca cierto estado de relajación en el bebé, que luego «cena» un biberón o el pecho con el pijama puesto. Unos mimitos más y ha llegado la hora de acostarse.

El cambio de pañal y la introducción en el saquito de dormir han de hacerse en una habitación con poca luz y con gestos suaves. Ofrecedle al niño su peluche favorito, tararead una canción, dadle un beso en la frente y alejaos de puntillas. Si el niño llora, no cedáis y habladle desde lejos para que sepa que no está solo, porque lo que más teme es la separación de aquellos que lo quieren. El niño dormirá mejor cuantas más experiencias haya vivido durante el día, sobre todo si lo han sacado de paseo y después, cuando ya camine, si ha estado jugando al aire libre.

Antes de expresarse con palabras, el bebé muestra su cansancio y sus ganas de dormir a través de su cuerpo. Deja de jugar, se encoge en la silla, tiene la mirada perdida, bosteza de vez en cuando y más que llorar, gime.

Podéis hacer algunas cosas para ayudar a vuestro hijo a conciliar el sueño, pero tendréis que evitar otras si vosotros también queréis dormir. Por ejemplo, no durmáis al niño paseándolo en brazos ni en el cochecito, ni tampoco en vuestra cama. Si el

UN PEQUEÑO CONSEJO

Cuanta más tranquilidad y dulzura sienta el niño en los momentos previos a la hora de acostarse, con mayor facilidad se dormirá. Los juegos, las cosquillas y el jaleo le provocarán un estado de excitación y de nerviosismo que el pequeño no podrá calmar con facilidad, aunque esté cansado y tenga ganas de dormir.

Los bebés deben aprender a dormirse en su cama y no en la cama de los padres, en el cochecito o en el sofá.

La calidad de las actividades realizadas en los momentos de vigilia es lo que permite al niño abandonarse a la fase de adormecimiento.

bebé se acostumbra a estos rituales, le resultarán indispensables para dormirse o recuperar el sueño a cualquier hora de la noche. Agotados, no os quedará otra elección que enseñar a vuestro bebé a que se duerma solo.

13 ¿Sabe un bebé lo que es el dolor?

El llanto fruto del dolor es muy característico: al principio es breve y fuerte y, a continuación, es desconsolado. El pequeño tiene el rostro tenso, los brazos y las piernas encogidos sobre el pecho y el cuerpo totalmente crispado.

Si los padres no logran determinar el origen del dolor, es preferible llamar al médico, sobre todo si, estando acurrucado y en posición fetal, el llanto del bebé es cada vez más ahogado.

El dolor del pequeño ha sido ignorado durante mucho tiempo por los médicos,

Soportar el dolor del niño es una de las mayores dificultades que han de superar los padres.

que decían que la inmadurez cerebral del pequeño lo protegía de la transmisión de esta sensación traumática.

Sin embargo, hoy en día se sabe que no es así y que los niños que lloran tras recibir asistencia médica lo hacen por miedo y de dolor.

UN PEQUEÑO CONSEJO

Los padres suelen pasarlo mal cuando, en la consulta del médico, presencian los cuidados a los que se ve sometido su bebé, aunque estos sean de lo más banal. De ahí que los médicos, a menudo, les piden que se aparten para no transmitir la tensión al niño que, asustado, no sabe qué van a hacerle. Pero no os preocupéis. El personal sanitario actuará con suavidad y mucho cuidado. Los médicos saben que el dolor se sobrelleva mejor si el pequeño enfermo está acompañado.

Algunos especialistas piensan, incluso, que el dolor del recién nacido es más intenso que el que siente un niño de más edad, precisamente por la inmadurez de su sistema nervioso. El bebé, que no puede expresarse a través de la palabra, muestra el dolor a través del llanto, que suele ir acompañado de sudor, un rostro colorado y unos movimientos alocados de sus miembros.

Si el dolor es insoportable, los lloros cesan y el pequeño se coloca en posición de repliegue. Se queda postrado, nada le interesa ni lo consuela. En el bebé se pone en marcha el mismo mecanismo de transmisión del dolor que en un niño de más edad. Dicha transmisión se produce a través de una molécula sensorial que recibe el primer mensaje y lo transmite al cerebro a través de los nervios sensitivos, primero hacia la médula espiral y luego hacia el tronco cerebral y el tálamo.

El reconocimiento del dolor en el bebé permite crear analgésicos que se adaptan cada vez mejor a las necesidades del pequeño. Los médicos, cada vez más conscientes de ese dolor, respetan totalmente al pequeño enfermo. Además, hoy en día saben reconocer claramente los síntomas. No obstante, si veis que vuestro hijo está sufriendo o ha de someterse a un reconocimiento médico doloroso, no dudéis en preguntar al doctor qué piensa hacer para aliviarlo.

Equipos de médicos de todo el mundo llevan unos años aplicando unas «fichas» de observación y unos tratamientos contra el dolor que permiten una asistencia mejor adaptada, sobre todo cuando se trata de realizar una extracción de sangre o de poner una inyección. El uso de una pomada analgésica local o de un parche contra el dolor permite sobrellevar mejor las extracciones e inyecciones dolorosas. Además, permite que tanto el niño como los padres dejen de vivir la visita médica con estrés y miedo.

Aunque sea muy pequeño, es preferible explicarle al niño, de forma simple, qué le van a hacer y calmarlo. El dolor que siente el bebé puede tener consecuencias graves en su desarrollo físico y cognitivo, por lo que su tratamiento es muy importante. Un niño pasmado por el dolor puede quedarse en este estado. Es lo que antaño se denominaba «hospitalismo»: como el mundo que nos rodeaba no era más que fuente de dolor, había que desconfiar y apartarse de él.

14 Nos han comentado que los bebés lloran mucho al tercer día de haber nacido. ¿Cuál es el motivo?

Algunos profesionales así lo han constatado. El bebé no presenta ningún síntoma especial, no tiene hambre y nada lo molesta. A primera hora de la mañana, tras haber llorado desconsoladamente toda la noche, cae en un sueño profundo. Su madre, por su parte, está completamente agotada.

UN PEQUEÑO CONSEJO

Estos lloros no repercuten de modo alguno en el desarrollo psíquico del bebé. Seguramente no volverán a producirse y, ante todo, no son un indicio de que el bebé vaya a tener un carácter difícil. Si la madre lo está pasando mal esa noche en vela y aún se encuentra en el hospital, no ha de dudar en pedir a las puericultoras que dejen al bebé un rato en el nido de la maternidad. En muchos casos son ellas mismas las que, antes de que el bebé rompa a llorar, ofrecen a las madres esta solución so pretexto de que deben descansar.

La madre se ha pasado toda la noche intentando consolarlo, pero sus esfuerzos han sido en vano. Se observa también que ese tercer día es una fase difícil para ella. El cansancio físico provocado por el parto desaparece, pero el organismo materno se halla en plena revolución hormonal. El índice de las hormonas que intervienen a la hora del parto cae en picado, mientras que el de las hormonas de la lactancia aumenta a gran velocidad. La madre se encuentra también en pleno trastorno psíquico, ya que observa cómo el bebé que simplemente había imaginado es ahora una realidad. Le asaltan un sinfín de dudas: ¿se encuentra bien de salud? ¿Tendrá un carácter difícil? ¿Cómo será su vida personal en el futuro y la de su pareja?

La madre atraviesa una fase depresiva, acentuada por la inquietud de no saber por qué llora el bebé y por la imposibilidad de consolarlo. El tercer día está marcado por un gran aumento de las emociones que suele acabar en llanto. ¿Es este contagioso? Lo que se transmiten no son los lloros, sino las tensiones y las emociones. El bebé, en simbiosis total con su madre, sabe que ella no se comporta como en los días anteriores. No se siente totalmente a salvo y llora.

Por suerte, no todos los bebés y las mamás viven este episodio de lloros.

15

¿Es cierto que los bebés lo pasan especialmente mal cuando tienen un cólico? De ser así, estos serían la causa de muchos de sus lloros.

Es cierto que los cólicos son impresionantes para los padres y dolorosos para los niños. La inquietud de los padres radica en su sensación de impotencia a la hora de calmar al pequeño. Por suerte, los cólicos no son más que un episodio pasajero en la vida de cualquier bebé.

Son un gran clásico de los males menores que alteran la calma de los niños menores de tres meses. Por lo general, se producen al final del día. El bebé comienza a llorar con estridencia, su rostro se pone colorado y gesticulante, el vientre se hincha y desprende gases. El pequeño se retuerce replegando las piernas sobre su vientre. Estos cólicos pueden durar varias horas. Se considera que un bebé padece un cólico cuando se pasa más de tres horas llorando más de tres días por semana.

El porqué de estos trastornos ha dado lugar a múltiples interpretaciones. En primer lugar se pensó que se trataba de verdaderos trastornos digestivos. Esta hipótesis se basa en la constatación de que los bebés que toman el pecho sufren más cólicos. La leche materna, rica en lactosa, favorecía la aparición de los cólicos ante la incapacidad de los intestinos del recién nacido de absorberla totalmente, lo que provocaría una fermentación.

No obstante, no hay que confundir cólico con

> Sea cual sea la verdadera causa de este trastorno, está comprobado que desaparece como por arte de magia al final del tercer mes.

UN PEQUEÑO CONSEJO

El niño, que manifiesta su disgusto y ansiedad a través de su cuerpo, pone a prueba a todo el mundo chillando casi a diario como si un dolor lo atormentara. Esta manifestación debe considerarse psicosomática cuando, tras una revisión médica, se ha descartado cualquier causa orgánica. A continuación, se ha de lograr mantener una relación armoniosa entre madre e hijo. La existencia de algunas vicisitudes en la relación y una simple charla pueden hacer desaparecer los síntomas. Resulta sorprendente comprobar la atención que muestra el bebé cuando se habla de sus males de tripa en su presencia.

diarrea. El cólico es un fuerte dolor abdominal. Cuando un bebé sufre un cólico, sus heces pueden ser totalmente normales o bien ir precedidas de unos grititos que incluso pueden transformarse en llanto. El pequeño agita brazos y piernas, y no cesa de hacer muecas. Todo ello no es más que un problema de adaptación del funcionamiento de los intestinos y no suele durar más de dos semanas.

Si el bebé tiene un cólico y llora, colocadlo boca abajo sobre el antebrazo con las piernas colgando; esa postura puede ayudarle a calmarse.

Ahora bien, el origen del dolor abdominal puede deberse a que el bebé esté padeciendo de estreñimiento. Este se reconoce por unas heces duras o por una ausencia total de heces durante varios días. Si esto sucede es indispensable que consulte con su pediatra.

Actualmente la tesis más defendida es la de que el cólico es producto de un sufrimiento no tanto fisiológico sino psicológico. No obstante, no todos los especialistas lo interpretan igual. Algunos creen que el bebé expresa así una dificultad de relación con su entorno: torpeza en los cuidados que la madre dispensa a su hijo, falta de mimos, un ritmo de vida agitado, etc. Otros opinan que estos cólicos serían la manifestación diferida de un sufrimiento materno durante la maternidad. El niño expresaría así el malestar psíquico de la madre.

Si los síntomas persisten y son cada vez más difíciles de soportar, se ha de pensar en una atención médica especializada para que ese síntoma no interfiera en el buen desarrollo posterior del niño.

16 ¿Qué ocurre si dejamos que el bebé llore sin parar en la más absoluta soledad?

Por lo general, el bebé llora para pedir ayuda a sus padres, sobre todo si se encuentra con una dificultad que no puede sortear solo. Desconocedor de la voluntad de sus padres de no responderle, o en ocasiones de su ausencia, no entiende por qué su llanto no obtiene respuesta.

Siente una gran angustia, se pone nervioso, cada vez tiene más calor, el sudor empieza a empapar su rostro y una sensación de malestar se apodera de él. A los gritos y la agitación de sus miembros se unen una aceleración del corazón y una dilatación de los vasos sanguíneos. El organismo sufre grandes pérdidas. Los espasmos van en aumento y su angustia es cada vez mayor. A ello hay que añadir el riesgo de sufrir deshidratación.

No creáis que atender a su llanto hará de vuestro bebé un niño caprichoso, sobre todo si tiene menos de tres meses. Además, es preferible no dejar nunca solo a un bebé durmiendo, ni siquiera unos minutos. Un bebé que duerme tranquilamente en la cuna puede despertarse en cualquier momento y romper a llorar. Un ruido, una indigestión o un pequeño ataque de hambre pueden despertarlo. Su llanto será aún más fuerte y angustioso si no obtiene respuesta.

Cuanto más tiempo pasa, más se agita el pequeño, que puede llegar a ser víctima de un espasmo del sollozo. Este se manifiesta a través de unos lloros descontrolados acompañados de mucho hipo. En el punto álgido de la crisis, el niño se pone morado, se le desencajan los ojos, deja de respirar e incluso puede sufrir un ligero desmayo. Cuando recobra la consciencia, los espasmos respiratorios cesan.

Cuando un bebé llora, no hay que dejarlo solo con su dolor y su angustia.

Las principales causas del espasmo del sollozo son la angustia, la frustración y el dolor. Siempre tiene como objetivo una persona a la que el niño está muy ligado, por lo general la madre. Aunque impresiona mucho, esta manifestación no tiene consecuencias médicas. No obstante, si los espasmos del sollozo se repiten con frecuencia, observad en qué circunstancias se producen y, si os preocupan, no dudéis en consultar al pediatra.

UN PEQUEÑO CONSEJO

No hay que dejar al bebé nunca solo en casa, ni siquiera unos instantes, aunque esté durmiendo a pierna suelta, ya que puede despertarse en cualquier momento y romper a llorar. Es mejor llevarlo consigo, ya sea en el cochecito o en un portabebés. Así podrá seguir durmiendo. En ocasiones es preferible dejarlo en la guardería o con una canguro.

17 Algunos bebés lloran más que otros. ¿Se puede deducir que este será un rasgo de su carácter en el futuro?

Todos los bebés presentan un carácter diferente y casi todos, ya en los primeros meses, poseen un temperamento relativamente afirmado. Existen varias grandes categorías de bebés: los activos y los pasivos, los hipersensibles y los excitables.

Los bebés más movidos suelen expresarse a través de gritos agudos cuya potencia va rápidamente en aumento. Se agitan y se estremecen mucho cuando lloran, y cuesta bastante calmarlos, ya que encadenan fases de llanto y de estremecimientos. A estos niños les cuesta mucho dar con su dedo pulgar dada su gran actividad. Son bebés que ya daban muestras de su vitalidad en el útero moviéndose mucho.

Los bebés tranquilos tardan más tiempo en llorar de forma ruidosa, pero lloriquean más. En cambio, es más fácil que se consuelen solos, por ejemplo, chupándose el dedo.

Los bebés muy sensibles lloran con facilidad ante cualquier elemento desconocido: un ruido nuevo, un gesto diferente por parte de su madre o el paso de unos brazos conocidos a otros que no lo son tanto. El bebé sensible se desahoga llorando y libera así su nerviosismo. Estos bebés se calman al escuchar la voz de su madre y al encontrarse en un ambiente donde reine la calma.

Cada bebé es diferente y también lo son su forma de llorar y sus motivos; por eso es importante que los padres estén atentos a su carácter.

A partir de los dos meses, cuando aparecen los primeros gorjeos, los bebés no lloran tanto sin motivo aparente.

Evidentemente, las primeras impresiones que da un bebé a sus progenitores también influyen en su carácter, ya que sirven de referencia a la mayoría de los comportamientos de maternalismo. Pero ojo, un comportamiento que podría considerarse más o menos normal en la infancia no presupone un carácter inmutable el resto de su vida.

El problema radica en que los padres se inquietan al ver que el comportamiento de su bebé es diferente al esperado. Los niños que duermen mucho preocupan a sus progenitores tanto como los que lloran con frecuencia. Los padres también deben aceptar que no siempre pueden hacer frente a una situación y, sobre todo, no culparse continuamente.

UN PEQUEÑO CONSEJO

Seguramente, la prueba más difícil que debe afrontar una madre primeriza es soportar el llanto de su bebé y no ser capaz de determinar cuál es la causa. Por suerte, con el tiempo, el niño podrá controlar solo algunas situaciones, como por ejemplo, el aburrimiento, ya que le habréis repartido sus juguetes allá donde esté. Llorará menos por cualquier cosa y vosotros aprenderéis a comunicaros con él.

SABER +

El llanto de los niños tiene un tono estridente que genera ansiedad en los padres o en sus cuidadores y que puede provocar preocupación. Es muy importante que los padres sepan distinguir los diferentes tipos de llanto para poder atender las necesidades de los niños. Un pañal mojado, la sensación de hambre, el calor o el frío, la soledad o el miedo a lo desconocido provocan el llanto en los niños. Pero, en ocasiones, el llanto deja de tener una causa fisiológica normal y hay que recurrir a un especialista.

El llanto patológico, y que requiere una consulta al pediatra, suele ser continuo y no va precedido de gemidos; su tono se presenta más estridente, de forma que llama la atención de los padres. También hay que tener en cuenta que un pequeño porcentaje de niños llora sin un motivo aparente; son niños que lloran sin causa objetiva y que no se calman cuando los padres los cogen en brazos. En esos casos, el pediatra debe asesorar a los padres sobre qué pueden hacer.

Consejos para consolar a un bebé

Palabras dulces y cariñosas

Evidentemente, un niño de pocas semanas no entiende las palabras que le susurráis al oído. Pero sí reconoce las voces de su madre y de su padre, su timbre, su ritmo y su amplitud. Para él son referencias que le recuerdan la comodidad y la seguridad de su vida intrauterina anterior. Escuchar esas voces moviliza una parte de su energía y calma su angustia ante un mundo que está descubriendo.

Un masaje

Mientras habláis al bebé, hacedle un masaje integral y luego otro puntual en manos, pies, vientre, etc. Entre los distintos masajes de las diferentes partes del cuerpo, tocadle suavemente todo el cuerpo.

• Si el bebé llora, empezad por hacerle un masaje colocándolo boca arriba.
• Deslizad las manos a uno y otro lado del cuello masajeando lentamente los hombros y la parte superior de los brazos.
• Deslizad la mano situada sobre el hombro derecho hacia la cadera izquierda y la situada sobre el hombro izquierdo hacia la cadera derecha alternando los movimientos y cruzándolos.
• Masajead suavemente los plieguecitos de la ingle. Veréis cómo el bebé se relaja y se estira.
• Deslizad la mano suavemente desde la rodilla hasta el pie y luego invertid el movimiento suavemente mientras masajeáis la piel con los dedos.
• Describid pequeños círculos en las plantas de los pies y masajeadle los tobillos suavemente con un movimiento de vaivén.
• Masajeadle las palmas de las manos con el dedo pulgar y luego los dedos uno a uno.

Unos padres serenos, que explican a su bebé que no comprenden exactamente qué le sucede pero que están allí para ocuparse de él y reconfortarle, permiten que el niño no caiga en el ciclo infernal del llanto.

Mecer al bebé

Se trata de un gesto natural que incluso las niñas pequeñas realizan de forma instintiva con sus muñecas. Sus efectos calmantes radican en un fenómeno simple: el niño regula su respiración y su ritmo cardiaco con el movimiento de vaivén. Para que la mecedura sea eficaz debe ser lenta y muy marcada. Puede ir acompañada de una nana, cuya melodía lenta y repetitiva disminuye el ritmo cardiaco del niño que no deja de llorar.

Las posturas relajantes

Podéis:
- Intentar la técnica del doctor Brazelton: acostad al niño y cruzadle los brazos sobre el pecho. Esa ligera compresión, acompañada de unas palabras de cariño, suele resultar eficaz.
- Recostar al bebé en el hombro, con el vientre apoyado sobre vuestro abdomen y la parte inferior del tronco bien sujeta.
- Colocarlo a horcajadas en el antebrazo, con la cabeza apoyada en el hueco del codo y vuestra mano entre sus piernas. Una vez en esta posición, se lo debe mecer suavemente mientras se pasea por la casa.
- Sentarlo en el regazo, con su espalda recostada en vosotros. Sujetadle la espalda con una mano y pasadle la otra bajo los antebrazos.

Llevar al bebé en brazos

También puede tener efectos calmantes. Al estar recostado sobre el pecho del adulto, el niño oye los latidos de este, su respiración y el sonido de su voz. También percibe el olor de su piel y de sus cabellos, así como el calor que lo protege y el balanceo del adulto, que mientras camina lo mece. De esta manera, el pequeño se siente a salvo y querido.

El paseo en cochecito o en coche

El balanceo del movimiento, el capazo del cochecito o el de la sillita del coche le ofrecen un espacio bien delimitado y el agradable calor de una manta ofrecen al niño una gran sensación de seguridad.

El baño

Tiene unos efectos relajantes de sobra conocidos, pero debe realizarse en un entorno lo más tranquilo posible y con gestos llenos de dulzura. La temperatura del agua ha de ser de 37 °C y la del cuarto de baño, de 22 °C. Meted al niño en el agua lentamente, dejad que su cuerpo se relaje y flote. Si el bebé sigue llorando, no insistáis y sacadlo del agua.

Para aliviar los cólicos

Tenéis varias opciones:
- Colocar una bolsa de agua tibia sobre el vientre del bebé.
- Darle una infusión calmante que debéis escoger siguiendo los consejos del farmacéutico.
- Administrarle un remedio homeopático prescrito por el pediatra.

De 6 meses a 2 años

Separarse, sobre todo de su madre, es uno de los mayores problemas a los que se enfrenta un bebé a esta edad. Llegado el momento, rompe a llorar para manifestar el miedo que tiene a que lo abandonen. Además, a esta edad le asaltan los primeros miedos, una prueba de que piensa mucho.

18 ¿Es dolorosa la dentición? ¿Puede ser esta la causa del llanto de nuestro bebé?

Actualmente, los médicos reconocen que la dentición del bebé es dolorosa. En realidad, la inflamación de la mucosa gingival, provocada por la erupción del diente a través de la carne, provoca una sensación de dolor.

El niño siente el dolor especialmente cuando está acostado, ya que en esa postura la presión sanguínea es más intensa y, por tanto, potencia el dolor. Si levantamos ligeramente el colchón de la cama del pequeño, lograremos mitigar un poco ese dolor.

No existe ningún motivo para no aliviar el dolor de un bebé con paracetamol e ibuprofeno en la dosis adecuada y alternándolos. Si el niño llora mucho, podéis combinar el medicamento con un tratamiento local medicamentoso o a base de aceites esenciales en forma de masaje, que ya de por sí tiene efectos calmantes. Los aceites de tomillo, orégano y ajedrea poseen una eficacia reconocida, al igual que el gel de caléndula (preparado en farmacias).

La homeopatía constituye otra solución a este problema. El homeópata os indicará cuántos gránulos de *Chamonilla* debe tomar vuestro hijo.

No existe ninguna prueba científica de la existencia y la intensidad del dolor de la dentición. Tal vez sea de naturaleza fantasmagórica. De todos es sabido que los dientes muerden y devoran. Muestra de ello son los ogros que aparecen en infinidad de cuentos.

Entre los 6 meses y los 2 años y medio le saldrán un total de veinte dientes. Parece ser que la aparición de los primeros es la más dolorosa.

UN PEQUEÑO CONSEJO

En ocasiones, la dentición va acompañada de un pequeño resfriado que dificulta la respiración del niño mientras duerme. Antes de acostar al pequeño podéis descongestionarle las fosas nasales con la ayuda de un sacamocos, pero sin abusar de él.

La dentición suele provocar un eritema glúteo doloroso debido a unas heces líquidas más ácidas que de costumbre. Para acabar con dicho eritema será suficiente con cambiarle el pañal con frecuencia, aplicarle cuidados locales a base de eosina y una pomada específica.

La aparición de
los primeros dientes
puede resultar dolorosa
para un niño. Morder un
objeto blando o muy frío
puede aliviarle.
En la farmacia podrá
escoger el más
adecuado.

19 Nuestro bebé tiene ahora 6 meses y sigue llorando mucho por la noche. ¿Qué podemos hacer?

Es hora de enseñarle a dormir solo en su habitación y rodeado del silencio nocturno. Por lo general, los niños de más de 4 meses ya no necesitan comer en mitad de la noche.

Si se despierta y no puede conciliar nuevamente el sueño sin un biberón no es por un repentino ataque de hambre, sino porque considera que lo necesita para dormirse otra vez. Si no lo sacáis del error, poco a poco dejará de distinguir entre la sensación de hambre y de sueño.

La técnica para conciliar el sueño es sencilla, pero un tanto agotadora, aunque debe aplicarse durante muy poco tiempo, apenas dos o tres noches. A la hora de acostar al pequeño, se ha de comprobar que se cumplen todas las condiciones para que concilie el sueño. Después hay que dejar que se duerma y que concilie el sueño él solo toda la noche.

Ayudadlo a distinguir el día de la noche. Durante el día, dejadlo dormir con la luz del día y por la noche bajad las persianas.

Seguramente la primera noche llorará mucho, pero la segunda llorará menos y la tercera apenas emitirá algún gruñido. Lo más importante es controlarse.

Si al cabo de unas noches el llanto no ha cesado y estáis muy agobiados, no entréis en su habitación. Habladle suavemente desde detrás de la puerta, decidle que no está solo, pero que es hora de dormir.

Si es superior a vuestras fuerzas, acercaos a su cuna, pero no lo cojáis en brazos. Acariciadle la frente y las manos, habladle cariñosamente y animadle a que se duerma de nuevo.

UN PEQUEÑO CONSEJO

Este método solo resultará efectivo si ambos padres están convencidos de su legitimidad. No debe existir ninguna tensión ni contradicción entre ambos. Mantened la calma. Tenéis que estar convencidos de que conseguiréis enseñarle a dormir, aunque eso os exija mucho esfuerzo y vuestro hijo necesite varias noches para lograrlo. Las noches futuras de los tres dependen de ello. Los niños que no han aprendido a conciliar el sueño solos pueden sufrir trastornos hasta los 6 o 7 años. ¡Así es que vale la pena intentarlo! La calma de los padres siempre tranquiliza al bebé.

20 Nuestro hijo ha dormido bien hasta los 6 meses, pero ahora lleva unas cuantas semanas que se despierta llorando. ¿A qué se debe?

Dormir bien no es algo que se adquiera de forma definitiva y que dure toda la infancia. Al contrario. Algunas etapas en el desarrollo del niño están marcadas por trastornos normales del sueño. Incluso deben considerarse algo positivo, ya que constituyen una demostración del crecimiento del pequeño.

Muchos niños a los 6 meses presentan problemas para dormirse. A esa edad tardan más en hacerlo, a veces hasta casi una hora, y entretanto no deja de llorar. La explicación de este fenómeno es simple: cuanto más crece el niño, más le interesa su entorno, más consciente es de la presencia y la ausencia de sus padres, y más problemas le plantea la separación con el mundo adulto.

Tendréis que hacerle entender a vuestro hijo que ha de aprender a dormirse solo. He aquí cómo podéis hacerlo: acostadlo en las mejores condiciones y respetando el ritual establecido durante sus primeras semanas de vida, y dejadlo solo en la habitación. Si el niño llora, esperad 5 minutos antes de entrar en su cuarto. Pasado ese tiempo, simplemente empujad la puerta, decidle con toda tranquilidad que tiene que dormir y marchaos. Si sigue llorando, esperad 10 minutos antes de repetir la misma estratagema. Si aún así continúa llorando, aguardad 20 minutos, entrad en la habitación para ver si tiene algún problema en particular y abandonad nuevamente la

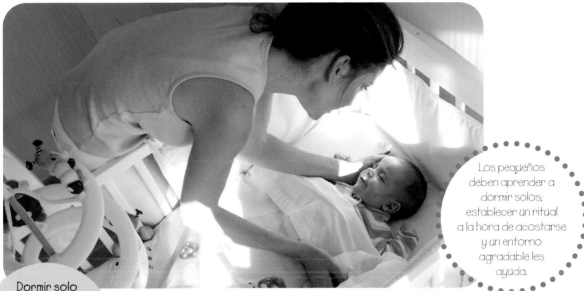

Los pequeños deben aprender a dormir solos; establecer un ritual a la hora de acostarse y un entorno agradable les ayuda.

Dormir solo es una de las primeras manifestaciones de autonomía del pequeño.

estancia para volver, si fuera necesario, pasados otros 20 minutos.

Si se producen otros episodios difíciles, es suficiente con volver a empezar. El niño simplemente trata de comprobar que los límites que se le imponen siguen siendo los mismos. Paradójicamente, a los niños que no les gusta cumplir normas necesitan reglas para sentirse seguros psíquicamente y poder desarrollarse. Esto sucede en cualquier proceso educativo, sobre todo en lo que respecta al sueño.

UN PEQUEÑO CONSEJO

Deberéis actuar de este modo el tiempo necesario hasta que se duerma solo. Esta técnica es muy antigua, reconocida y eficaz, aunque las dificultades para dormirse no sean nuevas. Los padres pueden modificar el tiempo de espera entre las diferentes intervenciones. Lo más importantes es que dicho tiempo se vaya prolongando poco a poco.

UN PEQUEÑO CONSEJO

Por regla general, entre los 6 meses y el año, los niños duermen un poco peor y parecen más sensibles a los cambios eventuales. La fisiología de su sueño se modifica, el cerebro reduce de forma natural el tiempo dedicado al sueño y, sobre todo, la del sueño paradójico, aquel en el que se sueña. Por último, algunos niños se despiertan en mitad de la noche y emiten algún pequeño grito. Si sus padres no intervienen, se vuelven a dormir de forma espontánea.

21

Tenemos un bebé de 6 meses que acaba de empezar la guardería y le está costando adaptarse. Cuando nos vamos, llora mucho. ¿Acabará acostumbrándose?

Por lo general, el niño que se adapta mejor a la guardería es aquel que empieza a los tres meses. Desgraciadamente, las madres que trabajan no tienen muchas opciones.

Entre los 4 y los 12 meses, el bebé atraviesa un periodo crítico en el que, debido a su desarrollo psicoafectivo, separarse de su madre le resulta muy duro. Por lo general, los psicólogos desaconsejan que el niño comience la guardería pasados los 4 meses y medio, ya que el pequeño empieza a tener clara consciencia del entorno y de las personas que le resultan familiares. Cambiar sus costumbres altera su sensación de seguridad. Además, en ese periodo se suele iniciar el destete, un momento duro ya de por sí para el pequeño y que conviene no hacer más difícil.

Más tarde, hacia los 8 meses, el bebé atraviesa un periodo en el que todos los desconocidos le dan miedo. Hacia los 10-12 meses, tampoco es el momento ideal para que comience la guardería, ya que se encuentra en plena fase de aprender a caminar. Adaptarse a un lugar nuevo mientras intenta mantener el equilibrio puede suponerle un esfuerzo demasiado grande.

Ahora bien, si no os queda más remedio que dejar a vuestro bebé en manos de otros, respetad escrupulosamente las etapas de integración que

UN PEQUEÑO CONSEJO

Tranquilos. Es poco frecuente que un niño no se adapte a la guardería o a la niñera escogida por sus padres. Al contrario, suele ser más bien la madre la que no soporta separarse de su pequeño y la que le transmite su nerviosismo.

En ocasiones, la madre incluso tiene celos de la persona que va a quedarse con su hijo y le «reprocha» que sienta las mismas emociones que ella. Teme que entre esa persona y su hijo se cree un vínculo, para su gusto, demasiado estrecho.

proponen todas las guarderías. Antes de que el bebé se quede todo el día con la canguro o en la guardería, deberéis realizar varias visitas con él para que se vaya familiarizando con el entorno.

Generalmente, durante las primeras visitas, que han de ser breves, deberéis quedaros con él. Al cabo de unos días el bebé se quedará un rato solo con la niñera y poco a poco se habrá de incrementar ese tiempo hasta que se adapte a estar con ella las horas necesarias. Ese periodo de adaptación dura una semana.

Estas visitas permiten, además, que la madre se reúna con la persona que va a ocuparse todo el día del pequeño. Es el momento, pues, de que ambas expongan su punto de vista sobre los principios educativos del bebé y de que la madre plantee a la cuidadora todas las dudas que le asalten. De este modo, la persona que se quedará con el pequeño también se pondrá al corriente de su historia.

No todos los niños reaccionan igual los primeros días de guardería; algunos tardan más en acostumbrarse y lloran durante más tiempo.

Dejar al niño en la guardería o con una canguro es bueno para el bebé. Su adaptación será más o menos difícil en función de la opinión que tengan los padres de ellas. Separarse de los padres supone un gran cambio para los niños; es normal que lloren los primeros días hasta que se acostumbren al lugar y a sus nuevos compañeros.

22

Tenemos un bebé de apenas 6 meses. Por la noche, cuando lo acostamos, coge alguna rabieta. ¿Qué podemos hacer?

A esa edad el bebé ve la hora de acostarse como el momento de separarse de sus padres. Aunque esté cansado, muestra su deseo de quedarse con ellos a través de gritos y pataletas. En realidad, el bebé lucha, sobre todo si se halla en un estado de sobreexcitación debido a juegos demasiado estimulantes, ya sea física o emocionalmente.

Vuestra falta de firmeza no hará sino dificultar la separación.

Ahora bien, la hora de acostarse también es un momento delicado si el pequeño acumula un exceso de energía a la que no ha dado rienda suelta. En ese caso, preved para los días venideros salir a dar un paseo, aunque no haga buen tiempo. El aire fresco y los reclamos del entorno satisfarán su curiosidad.

Para conseguir que se calme, dadle un buen baño seguido de una buena sesión de mimos acompañada de una música de ambiente suave. Sobre todo, no os apresuréis a acostarlo, sino todo lo contrario. Estableced una rutina para que el pequeño conozca todos los pasos.

Cuando consideréis que ha llegado la hora de acostarlo, dadle un peluche o el objeto que él quiera, llevadlo a la habitación y depositadlo suavemente en la cuna. Llegado ese momento, cantadle una nana o ponedle un móvil con música. Al cabo de unas semanas habrá aprendido que estos rituales anuncian la hora de acostarse.

Para afianzar estas referencias, no volváis a entrar en su habitación si os llama a las primeras de cambio. Cuando salgáis de su habitación, sed conscientes de que no debéis ceder a sus ruegos. Si llora, habladle desde la puerta, sin llegar a entrar.

SABER +

Los rituales de la hora de acostarse se prolongan durante años y forman parte de los mejores recuerdos de la infancia. Si alguna noche dejáis a vuestro bebé al cuidado de una canguro, no os olvidéis de explicarle el ritual que habéis establecido con el niño; de esta forma no notará tanto vuestra ausencia y pondrá menos resistencia a la hora de acostarse.

23 Tenemos un bebé de 8 meses que se echa a llorar en cuanto nos ausentamos unos instantes. No podemos dejarlo con nadie sin que monte un drama. ¿Cómo podemos calmarlo?

> Un bebé de 8 meses angustiado es un bebé con un desarrollo totalmente normal.

Todos los niños atraviesan la fase denominada «crisis de los 8-9 meses». No soportan que su madre se aleje de ellos y tienen miedo de cualquier persona ajena a su entorno. Ante esta situación reaccionan montando verdaderos dramas.

Durante los primeros meses posteriores al nacimiento, el bebé se encuentra en total simbiosis con su madre: para él ambos forman un todo. Al cabo de una lenta maduración de ocho meses y mediante la información que le proporciona el entorno, se da cuenta de que su madre y él son dos personas distintas. Poco a poco va adquiriendo autonomía, si bien permanece muy ligado afectivamente a aquellas personas que conoce mejor.

Pero esa primera independencia lo angustia. ¿Y si de repente se quedara solo? El bebé es incapaz de imaginar que su madre está en otra parte. No puede entender que, aunque salga de su campo visual y auditivo, reaparecerá. Y como tampoco es consciente de la noción del tiempo, su angustia es terrible. Si en ese momento un desconocido intenta suplantar a su madre, el pequeño «proyectará» todo su miedo sobre él, hasta el punto de desarrollar una auténtica fobia. Ese apego extremo no lo vive solo con su madre, sino también con su padre, sus hermanos, hermanas, abuelos y niñera, personas que le ofrecen seguridad y que no quiere perder de vista. Ese miedo a lo desconocido revela que ha entrado en una nueva e importante etapa de su vida: el pequeño conoce y reconoce ya a sus allegados y sabe distinguir sus rasgos y actitudes de las de los desconocidos.

UN PEQUEÑO CONSEJO

Sea como sea, se ha de hacer todo lo posible para que el niño pueda regodearse en sus recuerdos. Para ello le dejaremos un objeto personal, por ejemplo un pañuelo, que pertenezca a la persona que va a ausentarse. Así, el teléfono es un gran aliado que le permitirá oír la voz de su madre o de su padre cuando estén lejos.

Separarse de los padres es un momento traumático para los bebés, que responderán mejor si los padres actúan con naturalidad.

Para evitar que monte un drama, conviene evitar las idas y venidas bruscas y frecuentes. No dudéis en anunciarle al bebé que os vais a ausentar un rato. Su intuición le permitirá comprender, más allá de las palabras, la importancia de la relación afectiva que mantiene con los suyos. Por último, si podéis, espaciad esas ausencias varias semanas para evitarle así pasar tan malos ratos.

Cuando volváis, es probable que os sorprenda el poco caso que os hace. ¿Esperabais que tras las lágrimas de tristeza os recibiera con lágrimas de alegría? Pues no. Incluso puede darse el caso de que no quiera que lo cojáis en brazos. Es su manera de deciros que no le ha gustado que os marcharais. No dudéis en volver a explicarle los motivos de vuestras ausencias. Poco a poco os reclamará unos mimos a modo de reencuentro.

Procurad no cambiar mucho de aspecto. Cambiar el peinado o ponerse gafas repentinamente pueden desconcertarlo por completo. También puede suceder que le cueste aceptar que un miembro de la familia al que apenas ve lo coja en brazos.

En realidad, esta famosa crisis de los 8 meses revela un progreso. En esta etapa el niño es totalmente consciente de que su madre y él son dos seres diferentes. El pequeño, que se considera ahora una persona independiente, demuestra así a los demás que es único e insustituible.

Este periodo es fundamental, ya que en él el niño también emite sus primeras palabras o al menos sus primeros fonemas («pa papá»); comienza a agarrar las cosas con los dedos pulgar e índice y realiza sus primeros intentos para ponerse de pie.

UN PEQUEÑO CONSEJO

Cuando llegue la hora de la separación, tomaos sus lloros en serio y explicadle por qué tenéis que iros, quién va a ocuparse de él mientras no estéis y todo lo que hará durante vuestra ausencia. Insistidle en que vais a volver, pues, aunque no entienda las palabras, el tono de voz tranquilizador le ayudará a superar la tristeza.

24 Cuando tiene una otitis, nuestro bebé llora mucho. ¿Por qué son tan dolorosas las otitis?

Es la afección considerada más dolorosa durante la infancia. La otitis aguda es la complicación de una rinofaringitis, unas anginas o una bronquitis.

Los bebés de padres fumadores tienen entre un 10 y un 20 % más de posibilidades de sufrir otitis y de que estas se repitan.

Se trata de una inflamación del oído medio debida a una infección bacteriana. Los virus y las bacterias penetran en la parte del oído situada detrás del tímpano y provocan una inflamación de este y de la mucosa. Esta otitis congestiva puede derivar en una otitis purulenta, en cuyo caso se forma un absceso bajo el tímpano.

Además de los medicamentos para tratar la otitis, el médico os recetará algo para aliviar el dolor, como pueden ser unas gotas para el oído.

La paracentesis, que consiste en hacer una punción en el tímpano para extraer el pus acumulado, es muy dolorosa. Por suerte, en cuanto se elimina la presión en el interior de la caja del tímpano, el dolor desaparece. Los médicos cada vez recurren menos a esta intervención y se decantan por dejar que el tímpano se perfore por sí solo. Ahora bien, las otitis siempre se tratan con antibióticos.

UN PEQUEÑO CONSEJO

Si el niño llora mucho, se lleva de vez en cuando la mano al oído y sufre una infección otorrinolaringológica, se ha de acudir al pediatra para que este establezca un diagnóstico preciso y examine sus tímpanos.

El pequeño sufrirá un poco menos si, cuando está acostado, tiene la cabeza ligeramente levantada. Colocadle una almohada debajo del colchón y no directamente bajo la cabeza. De este modo lograréis que la presión en el oído disminuya un poco.

La otitis es una afección dolorosa y puede tener graves consecuencias: si vuestro hijo se queja, no dejéis de acudir al pediatra.

25 Tenemos un bebé de 1 año que suele despertarse varias veces por la noche con un llanto agitado. ¿Qué puede alterarle el sueño de esa manera?

El sueño del niño, al igual que el del adulto, es sensible a ciertos agentes externos, especialmente al ruido. No hace falta que sean ruidos muy intensos, sino más bien inusuales. Las circunstancias del adormecimiento también tienen mucha importancia.

Un bebé que se duerme en brazos de su madre o en el sofá, arrullado por el ruido de la televisión, corre el riesgo de sentirse totalmente desorientado al despertarse en mitad de la noche entre dos fases del sueño. El pequeño ya no encontrará las condiciones que lo habían conducido al sueño y las reclamará de forma natural.

Hay que tener cuidado también con la sobreestimulación a lo largo del día, ya que el bebé que recibe demasiados estímulos está cansado, incluso exhausto, y tarda mucho en encontrar la tranquilidad propicia para que se manifieste el sueño.

Las tensiones familiares o la tristeza también pueden alterar el sueño del niño. De hecho, el pequeño siente que sus padres se ocupan de él de forma inusual, le hablan menos, apenas le sonríen y casi no lo cogen en brazos. En resumen, el bebé, aunque sea muy pequeño, percibe que hay algo diferente, pero como no puede comprender el motivo, se siente menos seguro, está más ansioso y puede sufrir trastornos del sueño.

Algunos cambios en la vida cotidiana del niño también pueden provocar que duerma mal. Por ejemplo, las vacaciones que alteran las costumbres de toda la familia y modifican el entorno, o la ausencia de los padres un fin de semana, aunque quienes se queden con él sean los abuelos, a quienes, por otro lado, conoce perfectamente.

UN PEQUEÑO CONSEJO

Algunos niños manifiestan su deseo de contacto a través de los gritos. Necesitan que sus padres los tranquilicen, pero desde cierta distancia. Vuestra tranquilidad y confianza le proporcionarán una sensación de seguridad adecuada para adormecerse. Así pues, no os abalancéis sobre él en cuanto empiece a gritar o a gruñir, ya que el niño debe aprender a dormirse nuevamente solo.

El niño también puede encontrarse bajo los efectos de alguna sustancia excitante. Así, si sus progenitores fuman, el bebé se convierte en fumador pasivo e inhala gran cantidad de nicotina. Y si sigue tomando el pecho, el consumo de café, té o alcohol por parte de la madre aportará a su organismo las mismas sustancias, pero en mayores dosis debido a su peso.

No se ha de despertar nunca a un niño bajo ningún concepto.

Por último, algunos niños sufren alteraciones en el ritmo del sueño debido a las obligaciones laborales de sus padres. Se les despierta, por ejemplo, en mitad de una fase del sueño porque hay que llevarlos a la guardería.

Por lo general, se habla de forma abusiva de los trastornos del sueño en el niño, pero se trata más bien de trastornos del despertar. Debido a su organización neurológica, los bebés están especialmente dotados para despertarse. La mayoría de ellos se despiertan y vuelven a dormirse tranquilamente sin que sus padres lo adviertan.

26 Cuando nuestro bebé sufre, siempre nos preguntamos lo mismo: ¿cómo podemos evaluar la intensidad de su dolor si no puede expresarlo?

Hasta los 5 o 6 años el niño es incapaz de expresar con palabras el dolor que siente. Antes de esa edad, los gritos, la agitación, la palidez de su rostro o el sudor nos alertan, pero no nos proporcionan ningún dato sobre la intensidad del dolor, ya que la violencia de esos indicios no es proporcional al sufrimiento.

En los bebés de menos de 6 meses, se puede realizar una valoración observando la modificación del ritmo cardiaco y respiratorio, el comportamiento del bebé mediante su expresión facial o la actitud de su cuerpo.

Actualmente existen unas «escalas de evaluación del dolor» que analizan los lloros, la expresión facial, los movimientos del torso y de los miembros, el sueño, las capacidades relacionales del niño y sus posibilidades de consuelo. Conforme el pequeño va creciendo, la apreciación del dolor es más sencilla. Se

le presenta al niño enfermo unas escalas graduadas provistas de un cursor móvil en las que puede indicar la intensidad del dolor que padece, y cuando el niño crece un poco más se le somete a unas pruebas de vocabulario.

Existen diferentes analgésicos para tratar el dolor en función de su intensidad. Se clasifican en tres tipos. Los del primer tipo, entre los que se encuentran el ibuprofeno y el paracetamol, alivian los dolores más frecuentes. Si el niño tiene más de 6 meses, el pediatra puede recetarle un antiinflamatorio en

En todas las casas debería haber analgésicos de aplicación local para poder calmar el dolor de un niño.

forma de jarabe o de supositorio. Los analgésicos del segundo tipo tratan los dolores un poco más fuertes y si el niño tiene más de un año

pueden contener codeína. Por lo general estos medicamentos se presentan en forma de jarabe.

Por último, los analgésicos del tercer tipo son los más fuertes y se utilizan en los hospitales para tratar dolores muy intensos. Entre ellos se encuentra la morfina.

27 El pequeño no se separa de su peluche o de su pedazo de tela y cuando no lo tiene se echa a llorar. ¿Por qué ese objeto tiene tanta importancia para él?

Los psicólogos han bautizado este pedazo de tela o este muñeco de peluche con un nombre más serio: «objeto transicional».

Este objeto, a menudo un trozo de tela o un muñeco de peluche, tiene unos efectos sorprendentes, ya que calma sus lloros y sus dolores. Su uso suele ir asociado al dedo pulgar o al chupete.

Dicho objeto también suele estar relacionado con la cama, ya que, entre otras cosas, sirve para que el niño concilie el sueño tranquilamente. De hecho, lo que lo caracteriza es su suavidad y su capacidad para impregnarse de un sinfín de olores. Por otro lado, su primera utilidad es olerlo y frotarlo suavemente con la nariz o la mejilla.

A algunos niños les gusta tener un peluche limpio, ahora bien, siempre que se lave con la misma lejía. Pero lo cierto es que a la mayoría les gustan los peluches «sucios», esos que han llevado arrastrando consigo durante varios días, ya que esos objetos están impregnados de todos los olores familiares: un poco de perfume de mamá, un poco de papá y, por qué no, también del olor del perro de la familia. Cuando el niño huele el peluche se siente feliz, seguro y querido.

El famoso pediatra y psicoanalista inglés Donald Winnicott fue el primero en analizar el motivo de la importancia de este objeto en la vida de los niños. Hasta los 6 meses, el niño no distingue entre él y su madre; está en total simbiosis con ella. Poco a poco empieza a ser consciente de que su madre puede estar presente pero, de repente, desaparecer. A él no le gusta que se vaya, pero no puede hacer nada para evitarlo. En ese caso, le tranquiliza tener siempre a su lado un objeto familiar sobre el que ejercer su omnipotencia. Le servirá para expresar sus sentimientos.

Poco a poco, ese objeto se irá convirtiendo en algo casi tan importante como su madre. La reemplazará bastante bien cuando esta se aleje o cuando haya alguna discrepancia entre ambos. Pero también le será muy útil en los momentos de cansancio o de contrariedad, ya que le ayudará a recuperarse. Por dicha razón se recomienda encarecidamente meter el peluche en la maleta de un bebé que se vaya de vacaciones sin su madre o que deba permanecer unos días en un hospital. Actualmente todos los centros hospitalarios aceptan los peluches y cada vez son más las escuelas que permiten su entrada.

UN PEQUEÑO CONSEJO

La vida familiar con un peluche no siempre es fácil. Es probable que al niño le regalen un peluche que no os gusta o, simplemente, que el pequeño siempre lo pierda. Pero lo que seguramente os resultará más insoportable es su suciedad. No os preocupéis, los peluches no transmiten virus ni enfermedades contagiosas. Y eso por la sencilla razón de que por muy amigo que uno sea, ¡el niño no se lo presta a nadie! No obstante, hay que lavarlo de vez en cuando. En ese caso tenéis dos soluciones: o bien tenéis dos peluches idénticos y mientras laváis uno le dais el otro o bien le proponéis al niño lavarlo juntos o, si es mayor, que lo lave él solo.

A menudo escogido a los 6 meses, el peluche acompaña al niño hasta los 3 o 4 años y, en el caso de los más encariñados con ellos, hasta los 6 años.

28 ¿Qué es el espasmo del sollozo? ¿Cómo se puede tratar?

El espasmo del sollozo resulta extremadamente aparatoso, ya que se manifiesta a través de una pérdida de conocimiento tras una rabieta, una frustración, un miedo o un dolor. No se trata de ninguna enfermedad y, aunque es un síntoma impresionante, no reviste ninguna gravedad. El 5 % de los niños lo padecen.

El espasmo del sollozo siempre tiene una causa psicológica. Se inicia con un lloro intenso. El niño grita y patalea, y su respiración se entrecorta. La fase espiratoria se prolonga cada vez más y suele ser silenciosa. El niño permanece con la boca abierta de par en par, pero no sale nada de ella.

Poco a poco su rostro se torna azulado hasta llegar a la apnea. Si esta se prolonga, el pequeño pierde el conocimiento, se desploma, su cuerpo languidece y se le desencajan los ojos. Pasados unos segundos, el niño recobra el conocimiento y vuelve a respirar. En ocasiones, durante el síncope se producen unos movimientos convulsivos de brazos y piernas. Pero no os preocupéis, ya que el niño siempre recobra el conocimiento.

Existe otra forma de espasmo del sollozo, el denominado «pálido», que suele estar desencadenado por una frustración. El niño se queda pálido y pierde el conocimiento sin proferir un solo grito. Se trata de un síncope debido a una parada cardiaca. Al igual que en el espasmo del sollozo «azul», el niño recobra el conocimiento rápidamente. Estas manifestaciones se producen más bien «en público» o en presencia de una persona que el niño sabe que está ansiosa o de la cual quiere llamar la atención. En cuanto se

> El espasmo del sollozo suele producirse entre los 18 meses y los 2 años, pero desaparece a los 6 o 7 años.

produzca un episodio, consultad a vuestro pediatra para que establezca un diagnóstico preciso y pueda descartar que se trate de convulsiones, un ataque epiléptico, un síncope vagal o una enfermedad cardiaca.

UN PEQUEÑO CONSEJO

Antes que nada, que no cunda el pánico. Llevad al niño a un lugar tranquilo y aislado y mojadle la cara con un poco de agua fría. Si no queréis que se vuelva a producir un incidente semejante, no le deis demasiada importancia al primer episodio, ya que si no el niño aprenderá rápidamente que esa es una manera fácil de que cedáis a sus ruegos. Por otro lado, evitad sobreprotegerlo por este motivo. Cuando recobre el conocimiento, no os mostréis impresionados.

29

Cuando llegamos a la consulta del pediatra, nuestro hijo se pone a gritar como un loco. ¿Cómo podemos calmarlo?

El niño sabe, por experiencia, que esas visitas suelen ser desagradables. Aunque no haya estado enfermo, las visitas rutinarias para las vacunas y los reconocimientos médicos le han enseñado que ha de someterse a ciertas manipulaciones más o menos dolorosas.

La mayoría de los bebés odian que el pediatra les examine los oídos y la garganta, que le estire las piernas para medirlo e incluso que le ponga el disco frío del estetoscopio en el pecho. Algunos rompen a llorar nada más empezar a desnudarlos, ya que ese gesto les provoca la sensación de estar perdiendo algo de sí mismos. Todos los niños pequeños son propensos a lo que los psicólogos denominan «angustia de fragmentación». El miedo a que lo desvistan es un síntoma de ello.

Aunque su eficacia no es inmediata, conviene decir al niño nada más salir de casa adónde va y por qué. Explicadle qué es lo que el médico le hará de una forma sencilla y con un tono de voz apaciguador. Poner palabras a lo que le van a hacer, aunque sea algo complicado, disminuirá sus temores. Con los años entenderá que esas visitas al pediatra son regulares e inevitables.

Antes de ir al pediatra, también podéis explicarle a vuestro hijo en qué consistirá el reconocimiento sirviéndoos de su muñeco de peluche y, a partir de los 2 años, regalándole un disfraz de médico con todos sus accesorios para que pueda curar a todos sus juguetes.

Evitad mencionar al médico en amenazas del tipo: «Si no te pones el jersey o los zapatos, te pondrás

UN PEQUEÑO CONSEJO

No dudéis en cambiar de médico si no confiáis en el que tenéis. ¿Cómo queréis que las visitas no sean estresantes para vuestro hijo si vosotros os ponéis tensos nada más entrar por la puerta de la consulta? Un buen médico es aquel que siente interés por vuestro bebé, aquel que escucha vuestras observaciones, que os ayuda a resolver los problemas y que llama al pequeño por su nombre. Pediatra o médico de familia, cada uno tiene sus cualidades. El primero está especializado en el crecimiento y desarrollo de los niños, mientras que el segundo, sobre todo si es el médico de toda la familia, conoce los antecedentes familiares y el medio en el que vive el niño. El pediatra no suele desplazarse al domicilio familiar, mientras que el médico de familia sí lo hace.

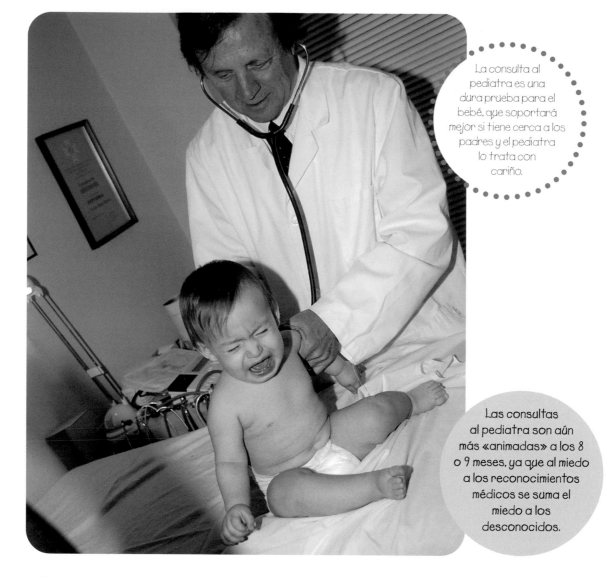

La consulta al pediatra es una dura prueba para el bebé, que soportará mejor si tiene cerca a los padres y el pediatra lo trata con cariño.

Las consultas al pediatra son aún más «animadas» a los 8 o 9 meses, ya que al miedo a los reconocimientos médicos se suma el miedo a los desconocidos.

enfermo y tendrás que ir al médico para que te ponga una inyección».

Si el niño llora mucho nada más ponerlo en la camilla, el médico puede realizarle el reconocimiento dejando que permanezca sentado en las rodillas de su madre. Si vuestro pediatra no os ofrece esa posibilidad, sugerídselo vosotros. Los pediatras, conscientes de que sus pequeños pacientes sienten curiosidad por todo, suelen disponer en la consulta de algunos juguetes que constituyen una magnífica distracción para los pequeños. Otros niños prefieren jugar con el estetoscopio o con algunas espátulas. El niño también se relajará si el médico le habla antes, durante y después del reconocimiento, y le explica lo que hace. Es importante que el niño vea a sus padres junto a él y, si es necesario, que le den la mano. Un par de cosas más: no os olvidéis de llevaros su peluche y dadle un dulce cuando salga de la consulta a modo de recompensa para el niño que se haya portado bien y de consuelo para el que no haya logrado controlar sus emociones. El miedo durante las visitas al pediatra puede perdurar unos meses e irá desapareciendo poco a poco. Si el niño se siente arropado por sus padres, no serán traumáticas.

30 Es imposible lavarle el pelo a nuestro hijo sin que se eche a llorar. ¿Qué podemos hacer?

Al niño de 1 año, más o menos, cada vez le cuesta más aceptar esa mera medida de higiene. Se niega a que le mojen la cabeza y no quiere estirarse para meter la cabeza en el agua. Cuando era más pequeño no teníais ningún tipo de problema, ya que era más manejable y confiado.

Sus temores tal vez radiquen en una mala experiencia anterior: ha sentido que la mano que le sujetaba la nuca no lo hacía con tanta firmeza, el agua que le ha caído por el rostro lo ha cegado, el agua estaba demasiado fría o demasiado caliente, le ha dado miedo el chorro de la ducha y, sobre todo, el champú ha hecho que le picaran los ojos.

En general, a los bebés nos les gusta que el agua les caiga por la cara y lloran si les laváis el pelo.

Pasarle un guante por la cara no protege al pequeño totalmente del agua, pero lo tranquiliza.

Deberéis transformar este momento en un juego para que vuelva a recuperar la confianza, ya que su llanto no es una manifestación de una rabieta, sino de pánico. Enseñadle que vosotros también os laváis el pelo y que, por lo tanto, es un gesto de lo más banal. Utilizad un champú especial para bebés cuya composición respete la naturaleza de su cuero cabelludo y diseñado especialmente para no irritar los ojos. Enseñadle los divertidos peinados que pueden hacerse con la espuma, dejadle que se frote él mismo y enjuagadle el pelo con cuidado.

Podéis utilizar un botellín de agua cuyo contenido podéis vaciar poco a poco sobre su cabeza. A continuación, proponedle que lo llene con agua del grifo y que él mismo se la eche sobre la cabeza. Esta técnica es menos agresiva que el chorro de la ducha.

UN PEQUEÑO CONSEJO

En el mercado existen una especie de viseras que protegen los ojos y las orejas del agua, muy prácticas para los niños que sienten un miedo atroz a lavarse la cabeza. No perdáis la calma. Poco a poco vuestro hijo entenderá que esta medida de higiene no reviste ningún peligro.

31

Tenemos un hijo de un año. Hasta ahora, cuando lo dejábamos con la canguro no lloraba, pero lleva unas semanas que le cuesta mucho separarse de nosotros. ¿A qué se debe?

Las separaciones a esta edad resultan cada vez más costosas, ya que el niño empieza a comprender que tiene cierta autonomía. La aprecia y al mismo tiempo la teme. Para soportar esta separación de su madre o de su padre, el niño debe haber adquirido un apego psíquico.

Eso significa que es capaz de mantener un estrecho vínculo con sus allegados aunque estén lejos de él. Así pues, sus lloros no durarán mucho, al niño incluso le acabará gustando jugar con otros niños y mantendrá una buena relación afectiva con la persona que lo cuide.

UN PEQUEÑO CONSEJO

Cuando salgáis de casa con el niño para llevarlo a la guardería, explicadle que os vais a tener que separar porque vosotros tenéis que ir a trabajar, pero que volveréis a veros dentro de unas horas. Haced hincapié en todas las actividades interesantes que le esperan.

En el momento de la separación, decidle adiós, dadle un beso, deseadle que tenga un buen día y abandonad el lugar rápidamente con un «hasta la tarde». Si se queda llorando, dejad que sea su cuidadora la que lo tranquilice. Por norma general, los lloros deberían desaparecer al cabo de unos días si estáis convencidos de vuestra decisión de dejarlo allí. Los niños casi nunca tienen problemas de integración, siempre que los padres estén convencidos de que el niño es feliz.

Su llanto es una manifestación de frustración. Con él el niño expresa que esa separación no le gusta.

En efecto, el bebé es un ser básicamente egocéntrico y considera que su madre le pertenece. Por lo tanto, es de lo más normal que si considera que no recibe suficientes mimos y caricias, los reclame a gritos. Algunos niños parecen más difíciles que otros. Este no es un comportamiento patológico, sino todo lo contrario. Cuanto más necesite a su madre, más fácil le resultará después separarse de ella. La separación es una prueba que el niño manifiesta con gritos, pero que es capaz de superar.

No disimuléis vuestra marcha, ya que además de que eso no acallará el llanto del pequeño, lo único que conseguiréis es que deje de confiar en vosotros.

Sin embargo, la mayor dificultad de esta situación radica en la reacción de los padres. Debéis creer en la capacidad de vuestro hijo para hacer frente a su marcha. Algunos son incapaces de soportar los lloros del pequeño y sienten auténtica aprensión. Quieren consolar al niño, quedarse un rato más con él y no paran de hacerles promesas.

A los niños les cuesta separarse de las personas que conocen, especialmente de sus padres, pero esa separación les ayuda a madurar. El hecho de hablarles claramente hará más fácil esa separación.

Su dificultad para separarse del niño no hace sino aumentar la tristeza del pequeño, que, ante dicha situación, se ve capaz de poder hacer cambiar de decisión a sus padres. Para ello, grita aún más, se aferra a sus piernas y la separación adquiere tintes de desgarro. Los padres también deben aprender que el niño existe por sí solo y que crecer significa ser capaz de no estar siempre con sus padres.

32 Las comidas se han convertido en un auténtico infierno. ¿Qué podemos hacer?

Los verdaderos problemas suelen iniciarse hacia los 18 meses. El niño se pone a remover la comida en el plato, no quiere comer y los padres se ponen nerviosos, sobre todo la madre, que vive ese momento como un fracaso en su papel de alimentar al niño.

Los padres intentan forzar al niño para que coma, pero este se cierra en banda, cierra la boca, gira la cabeza y protesta. Cuanto más ansiosos se muestran los padres, más lo siente el niño y su falta de apetito se transforma en malestar. Este comportamiento es la manifestación de un conflicto relacional entre padres e hijo, así como el resultado de dos etapas de desarrollo.

Parece ser que a esta edad el niño no tiene apetito. Está ocupado en caminar y en descubrir todo aquello que lo rodea. El placer de comer está por detrás del placer de caminar. Además, este es el momento de la fase normal de oposición. El pequeño dice «no» constantemente y a todo, con lo cual también a la comida. El niño se encuentra en plena adquisición de autonomía y marca su independencia a través de la negación. Rechazar la comida es otra manera más de mostrar su oposición.

¡Ojo! No insistáis demasiado, ya que el niño puede llegar incluso a vomitar la comida.

La composición de los menús, igualmente importante, puede convertirse en un auténtico rompecabezas, ya que el niño puede oponerse a cierta monotonía y al mismo tiempo rechazar cualquier novedad. A los 2 años, un niño de cada cuatro muestra temor a la hora de probar nuevos alimentos. A esta edad, los niños incluso pueden escupir, con asco, algunos alimentos que hasta ahora aceptaban sin problema, como es el caso de las verduras.

Se recomienda ofrecer al niño pequeñas cantidades de alimentos, darle de comer a unas horas fijas y evitar al máximo que se acostumbre al picoteo y a las

UN PEQUEÑO CONSEJO

Si el niño no quiere comer algo, no le deis otra cosa. Debéis partir de la base de que si no come mucho en una comida, ya lo hará en la siguiente. En la mayoría de los casos esta es la mejor manera de evitar que el conflicto pase a mayores. Tened paciencia, ya que poco a poco el pequeño volverá a comer de todo si lo hace acompañado de toda la familia. A menudo todo vuelve a la normalidad si el padre se hace cargo de la situación cuando surgen los primeros problemas.

chucherías de todo tipo. Por último, es posible que el pequeño quiera cambiar el orden de las comidas, empezando por lo dulce y acabando por lo salado. En realidad, está probando la voluntad del adulto.

Al igual que en cualquier otro ámbito, pero en este mucho más, no hay que forzar nunca al niño. Las dificultades alimentarias suelen ocultar problemas más graves, generalmente producto de una mala relación. En efecto, al ver un ambiente crispado, el niño comprende que ese es un medio fantástico de ejercer presión y no tardará en echar mano de este recurso cada vez con más frecuencia y más intensidad.

Negarse a comer forma parte de la etapa de negación por la que pasan todos los niños; hay que tener paciencia y no forzar al niño.

Si deseáis evitar vivir situaciones demasiado dramáticas, más vale que no os empeñéis en forzarlo a comer lo que no quiere y tened en cuenta, sobre todo, la curva de peso del niño. No le deis los platos que plantean más problemas y dejad que el niño elija entre lo que le propongáis. Repetid los intentos, pero siempre sin obligarlo.

33 Nuestro hijo ha empezado a andar, pero se cae con mucha frecuencia. ¿Cómo podemos consolarlo?

Las caídas forman parte de la dura etapa de aprender a caminar. En la mayoría de los casos el niño no llora y, si lo hace, es de rabia por no haber sido capaz de lograr su hazaña. Por otro lado, si lo cogéis en brazos, se pone a chillar, ya que lo que le interesa es andar.

Por lo general, los golpes en la cabeza tras una caída desatan el llanto del niño. Están justificados en parte por el dolor, pero sobre todo por el miedo. Los cuidados aplicados para aliviar su dolor le calmarán: un poco de agua fría o incluso un cubito de hielo si se hace un chichón calman los primeros síntomas, y el árnica en gel o en pomada suele bastar para rebajar la hinchazón. Por último, vuestros brazos y unos mimos mitigarán su miedo.

UN PEQUEÑO CONSEJO

Cuando el niño empiece a dar sus primeros pasos, retirad las alfombras, ya que resbalan y pueden provocar que el niño se caiga. Bloquead también las escaleras, porque aunque pueda subirlas sin problemas será incapaz de bajarlas. Enseñadle a bajar a gatas. Evitad ponerle calcetines que resbalen y apartad las mesas bajas de los rincones peligrosos. Después enseñadle que el peligro es el mismo para pequeños y mayores, salvando las distancias. De este modo comprenderá vuestras prohibiciones y no equiparará el accidente con un castigo.

Los primeros pasos van acompañados de golpes y caídas; pronto aprenderá a sortear los pequeños obstáculos. Si el niño se cae, consoladlo y explicadle que debe tener cuidado y fijarse por dónde anda.

Ahora bien, las caídas no son forzosamente más frecuentes ni más graves cuando el pequeño aprende a caminar. Los niños de unos 2 años son las principales víctimas. En efecto, ese es el momento en el que el pequeño lo experimenta todo. Las escaleras, los taburetes y las mesas le permiten practicar una escalada que en ocasiones acaba siendo dolorosa. Si se hace daño, consoladlo, pero de paso aprovechad el incidente para explicarle el peligro que corre haciendo eso. El niño aprenderá la relación causa-efecto y no dudéis que la próxima vez tendrá buenos reflejos.

No le digáis que no ha pasado nada. Al niño le duele. Una tirita lo llenará de orgullo, ya que se sentirá todo un héroe.

Pero, ¡ojo! Una caída puede resultar grave si a continuación se producen vómitos, sangra la nariz o un oído, se pierde el conocimiento o es imposible mover un miembro. Ante cualquiera de estos síntomas, contactad con el médico. Las caídas también pueden provocar desolladuras y cortes que han de desinfectarse y taparse con una tirita.

34 De vez en cuando nuestro hijo se despierta en mitad de la noche. ¿Es normal?

En el segundo año de vida, el niño aprende nuevas cosas: motricidad cada vez más autónoma, explosión del lenguaje, inicio del control de los esfínteres, etc. Aunque durante el día el niño está sobreexcitado por todo lo que quiere aprender y dominar cada vez mejor, por la noche parece atravesar una fase regresiva.

En ese caso, suele reclamar la presencia de uno de sus padres, como cuando era más pequeño. No os preocupéis, esos despertares nocturnos son pasajeros y casi nunca regulares. Una vez que lo hayáis tranquilizado en las primeras veces que suceda, permitidle que concilie el sueño de nuevo él solo. De lo contrario, necesitará de vuestra presencia cada noche.

Al parecer, a esta edad es relativamente frecuente despertarse en mitad de la noche. Algunos niños se despiertan pasada la media noche para luego entrar en un nuevo ciclo de sueño.

Según los estudios, entre un 40 % y un 60 % de los niños de 18 meses «duermen» con una interrupción nocturna, y un 20 % con varias. Por suerte, todos estos niños no necesitan a sus padres para volver a dormirse, sino que se quedan despiertos, con los ojos abiertos de par en par, comienzan a jugar un poco con la manta o con el peluche y acaban por dormirse nuevamente.

UN PEQUEÑO CONSEJO

Cuando el pequeño no logra conciliar el sueño, los padres tienen que ir a verlo y tranquilizarlo. Deben volver a acostarlo, darle un beso en la frente y pedirle que se duerma de nuevo, ya que toda la casa está durmiendo. Si con esto no es suficiente, se puede aplicar el programa de intervenciones progresivas para los bebés. Cuando habléis con él hacedlo con determinación. Vuestro hijo debe estar convencido de que os mantendréis firmes en vuestra decisión: tiene que dormir en su cama.

A los 2 años el niño atraviesa una fase de oposición. El pequeño dice a todo que «no», lo cual puede tener repercusiones en el sueño; sin embargo, debéis manteneros firmes en vuestras decisiones.

35 Creemos que nuestro hijo, de la noche a la mañana, ha empezado a tener miedo a la oscuridad. ¿A qué puede deberse?

Es un gran clásico de los miedos infantiles. Además de la propia oscuridad, también está todo lo que el niño imagina agazapado en ella. De sobra es conocido que los bandidos, las brujas y todos los animales devoradores surgen de las tinieblas. La noche para él también significa la soledad.

Esos agobios nocturnos son el origen de las pesadillas, prolongaciones deformadas de la vida diurna. El niño está tan asustado que es incapaz de distinguir entre lo real y lo imaginario.

Se pueden tomar algunas precauciones para ayudar al niño a dominar su miedo a la oscuridad. Por ejemplo, podéis dejar una lamparilla encendida o simplemente dejar la puerta de su habitación abierta y la luz del pasillo, encendida. No penséis que se va a malacostumbrar, ya que esta necesidad desaparece de manera natural con la edad. Basta con que le enseñéis que vosotros, sus padres, y todas «las personas mayores» de la casa duermen en la oscuridad. Entonces, ¿por qué no va a dormir él también, que quiere ser mayor?

Aunque resulte paradójico, contar un cuento de hadas al niño justo antes de que se duerma tiene el poder de protegerlo de las fobias, esos miedos irracionales difícilmente controlables.

Resulta, asimismo, primordial que conozca mejor su entorno nocturno, puesto que el niño se encuentra en un mundo desconocido. ¿Por qué no proponerle un paseo por la casa a oscuras y pedirle, a modo de juego, que reconozca los objetos de su habitación por el tacto? Id pasando de habitación en habitación indicándole los objetos y los seres familiares.

Conducidlo junto a la ventana y enseñadle cómo duermen las otras casas, también a oscuras. Sed

UN PEQUEÑO CONSEJO

Los niños siempre tratan de expresar sus miedos, sobre todo a la hora de acostarse, pero su capacidad de expresión es todavía limitada. Procurad escuchar a vuestro pequeño con atención para proporcionarle las explicaciones racionales necesarias que le ayuden a controlarse y a vencer sus miedos.

Ya volveréis a insistir más adelante. Los miedos nocturnos están íntimamente ligados a los diurnos. El miedo a la separación es uno de los temores más intensos de la infancia.

Los miedos forman parte de la vida de los niños. Un cuento antes de acostarse o un rato de conversación calmada les puede ayudar a dormir.

prudentes, ya que esta actividad únicamente resultará beneficiosa si el niño está tranquilo. Así pues, proponedle participar, pero no lo obliguéis.

Los miedos nocturnos están íntimamente ligados a los diurnos. El miedo a la separación es uno de los principales temores de la infancia. Un poco más tarde aparecen los miedos a perderse y a ser abandonado, lejos del cariño de aquellos que lo quieren y a quienes quiere. Por último, cuando el niño inicia la etapa de dejar los pañales, siente el temor de desaparecer. La desaparición de sus excrementos, que él considera una parte de sí mismo, por el retrete refuerza sus miedos.

36 Tenemos un hijo de 18 meses que hace muchas tonterías. ¿Cómo podemos decirle que no las haga sin que se eche a llorar?

Se encuentra en la edad en la que todos los niños tienen fama de ser unos «tocones» y la reacción normal del adulto consiste en prohibírselo. Se enfrentan dos antagonismos: el del niño, para quien toquetear y desmontarlo todo es sinónimo de aprender, y el de los padres, quienes, por motivos de seguridad, se oponen a estas exploraciones.

Los padres son responsables de modificar el entorno en función de esa necesidad innata que tiene el niño de descubrir cosas a esta edad. Pueden optar por acompañar al pequeño en sus descubrimientos para limitar los gestos torpes intentando no mostrar ningún tipo de tensión. Incluso se les pueden enseñar los objetos peligrosos, ya que el niño, aunque sea pequeño, es capaz de comprender que

Aunque a veces nos cueste decir que no al niño y este responda con lloros, es necesario que aprenda que existen normas que debe cumplir.

pueden hacerle daño. A menudo, lo que exaspera al adulto es la actitud provocadora del niño. Por más que le diga y le repita que un objeto no es un juguete, el niño, tras unos segundos de descanso, vuelve a hacer la misma tontería. Es más fuerte que él: le gusta poner a prueba su poder frente al del adulto.

De hecho, a esta edad conoce perfectamente el significado de la palabra «no», ya que él mismo se encuentra en plena fase de oposición, si bien a veces no entiende todo el peso que conlleva. Cansados, los padres elevan el tono de voz cada vez más y emiten una serie de prohibiciones cada vez más tajantes, lo que provoca una única respuesta en el niño: el llanto. Por lo general, los lloros no suelen durar mucho, ya que pronto habrá otra cosa que llamará su atención.

Educar a un niño es informarle de las consecuencias que pueden tener sus actos.

¿Cómo contener a un diablillo semejante? En primer lugar, deberéis aceptar este momento como una etapa de su desarrollo y ofrecer al niño una distracción, otra ocupación a la que pueda dedicarse con entusiasmo. No hay ningún niño que nazca siendo insoportable.

UN PEQUEÑO CONSEJO

Los niños que van a la guardería suelen ser muy revoltosos una vez en casa. De hecho, muchas de las tonterías que hacen son una manera de llamar la atención. Así pues, cuando estéis con él en casa por la tarde, deberéis intentar simplificar al máximo las tareas domésticas para poder dedicarle al niño todo el afecto necesario y permitirle que tenga su dosis de mimos.

Para poner fin a la desobediencia basta con emitir un «no» tajante. El tono de voz es suficiente para que el niño se dé cuenta de que no debe rebasar ciertos límites. La autoridad es la base de las relaciones entre padres e hijos, pero para que resulte eficaz debe ejercerse de forma suave y persuasiva. Sirve para advertir de los peligros y para instaurar el respeto a los padres. La vida en sociedad establece unos límites para luchar contra el egoísmo natural del niño, con el que se ha de ser autoritario en cuanto a sus intenciones y actitudes. Los padres le imponen decisiones que por sí solo sería incapaz de tomar e incluso de imaginar.

La instauración de normas de conducta y las frustraciones no son fáciles de aceptar para el

Las frases como «Ya no te quiero» generan una angustia en el niño que suele desencadenar conductas agresivas y grandes temores.

pequeño, lo que suele desencadenarle el llanto. Para el niño, las prohibiciones son más fáciles de cumplir si siempre son las mismas, procedan de quien procedan. En cambio, el pequeño se siente totalmente desconcertado si las normas cambian de la noche a la mañana.

A los padres que pasan el día fuera y dejan al niño a cargo de otra persona a veces les cuesta ejercer su autoridad cuando están con el pequeño. ¡Ojo! El niño tiene tendencia a probar en casa las prohibiciones de la guardería o de la canguro. Intenta determinar sus límites y los del adulto. Responderle con firmeza, sin gritarle, y explicarle tranquilamente el motivo de la prohibición es la manera más segura de evitar el llanto.

37 Nuestro hijo puede llegar a portarse tan mal que a veces acabo dándole un azote. Pero cuando empieza a llorar, me siento culpable y no sé qué hacer.

Con el azote le habéis reafirmado vuestra fuerza física sobre él, pero nada más. Si os habéis dejado llevar por este impulso, lo primero que debéis hacer es recuperar la calma.

No os abalancéis sobre él para pedirle perdón. Dejad que el niño digiera vuestro gesto y luego explicadle el motivo de vuestra reacción y, sobre todo, si su vida ha corrido peligro, la razón de vuestros temores.

El azote suele ser la expresión de un miedo más que una muestra eficaz de autoridad. Aunque el azote dé lugar a un diálogo posterior, conviene que este se produzca una vez recuperada la calma, ya que el niño, para tener un buen desarrollo, necesita

En la mayoría de los países nórdicos se ha prohibido el azote, ya que muchos casos de maltrato son, según los padres, azotainas merecidas.

admirar y querer a sus padres, no tenerles miedo.

Pegar a un niño es el resultado de un fracaso educativo y personal, pero también un atentado contra el cuerpo del pequeño. De hecho, nunca se ha de aplicar un castigo corporal, ya que el azote y las bofetadas pueden provocar que padres e hijo entren en un círculo vicioso en el que el niño desea recibir esos golpes y estos son cada vez más frecuentes.

Debéis suprimir el azote como medida educativa, ya que este no logra sino reafirmar la actitud de oposición del pequeño. Además se corre el peligro de generar en el niño una actitud masoca: cuanto más le pegan los padres, más le gustan los azotes al pequeño y más tonterías hace. Al final acabará creyendo que este tipo de castigo es una prueba de su amor.

UN PEQUEÑO CONSEJO

Si perdéis la calma con demasiada facilidad, dejad al niño unos días al cargo de algún familiar. Si estáis cansados, tomaos un tiempo para vosotros. Si estáis deprimidos, acudid al médico. Si os sentís incapaces de hacer frente a un niño que os parece demasiado revoltoso o de controlar la relación que mantenéis con vuestro bebé, no dudéis en consultar a un especialista. Una de las cosas más importantes es que los padres estén de acuerdo en la forma de educar a los niños y no existan contradicciones.

Si vuestro hijo se porta mal, intentad dialogar con él y no le peguéis. Los niños deben respetaros y no teneros miedo.

Atención, ¡peligro!

Cuando se consiguen las primeras proezas psicomotrices, como andar a gatas, caminar o subir escaleras, la mayoría de los lloros son el resultado de una caída o una herida. La casa familiar no siempre es un lugar tan seguro como pensamos. He aquí algunas nociones básicas para ayudar a redescubrir ese entorno con los ojos de un niño.

El niño puede caerse:
- si el parquet del salón está encerado;
- si el suelo de la cocina o del baño está mojado;
- en la ducha, si esta carece de una alfombrilla antideslizante;
- por las escaleras si carecen de una barrera;
- si se tropieza con una alfombra o un alargador;
- si se asoma por una ventana abierta que no está protegida;
- si se golpea contra una mesa baja. Estas caídas son muy dolorosas e incluso peligrosas. Las esquinas de las mesas han de protegerse con algún sistema de seguridad infantil.

El niño puede quemarse:
- si se agarra al asa de una cacerola que sobresalga de la cocina;
- si toca la puerta del horno si esta no está provista de una pantalla de seguridad o de una puerta fría;
- si se acerca a un radiador eléctrico;
- si se lleva a la boca un alargador que está enchufado;
- si abre el grifo de agua caliente de la bañera;
  ATENCIÓN: el agua caliente no debe superar los 60 °C. Instalad un grifo termoestático que se regule a la temperatura ideal del baño (37 °C).
- si mete los dedos en un enchufe;
  ATENCIÓN: existen enchufes de protección prácticamente inviolables.
- con una plancha que haya quedado encendida;
- con un líquido demasiado caliente que se haya derramado;
- si se acerca demasiado a una chimenea y su ropa se prende.

El niño puede pillarse los dedos:
- con una puerta que puede abrir fácilmente porque el pestillo está a su alcance o que, estando abierta, no está bloqueada;
  ATENCIÓN: existen mecanismos «salvadedos» para colocar en las puertas.

• con los batientes de una ventana que no está bloqueada con un gancho.

El niño puede cortarse:
• si accede al cajón de los cubiertos o de los utensilios de cocina; ATENCIÓN: existen sistemas de seguridad infantil que impiden la abertura de los cajones.
• si rompe una puerta acristalada que no es de cristal laminado.

LUGARES Y HORAS CRÍTICOS

Los lugares más peligrosos de la casa son la cocina y el cuarto de baño, y las horas más críticas entre las 10 y las 12 y después de las 19 horas, cuando se están preparando la comida y la cena. Dos de cada tres accidentes se producen en la cocina. El horno, la placa eléctrica, el gas, las asas de las cacerolas y una mamá que está ocupada mientras cocina son fuentes de peligro. Además, los productos de limpieza deben mantenerse fuera del alcance de los niños.

El botiquín

En caso de accidentes en el hogar, es necesario disponer de lo siguiente:

• Para los cortes y las heridas de todo tipo: un producto antiséptico que no pique (en frasco o en bote), tiritas para cortar, alcohol de 60 °C, jabón líquido, gasas estériles y esparadrapo.

• Para las caídas y las pilladas de dedos: una pomada o un gel de árnica, algodón hidrófilo, una venda elástica de tamaño mediano y unos cuantos rollos de gasa.

• Para las quemaduras: un tubo de pomada calmante o gasas grasas.

• Y además: unas tijeras pequeñas, una pinza de depilar especial para quitar astillas y unos cuantos imperdibles.

Cuestión de edad

La mejor manera de prevenir los accidentes en el hogar es no dejar al niño nunca solo.

Antes de cumplir los 5 años, las caídas son las responsables de dos de cada tres contusiones en el rostro y de las fracturas de cráneo. Entre los 2 y los 3 años, el niño tiende a asomarse a la ventana para ver qué ocurre en la calle o para ver la llegada o la marcha de uno de sus progenitores.

Evaluar su sufrimiento

La observación del comportamiento de los niños que sufren ha permitido establecer una escala de la intensidad del dolor que padece un niño que todavía no es capaz de expresarlo con palabras o a través de los grados marcados en una regla. Se trata de la escala Edin. Esta escala también permite evaluar la eficacia de los tratamientos.

Se estudian cinco aspectos para determinar la intensidad del dolor: el rostro, el cuerpo, el sueño, el consuelo y la relación con el entorno. Cada uno de estos aspectos se puntúa del 0 al 3 y al final se suman los resultados, con lo cual el total puede ser 15.

• El rostro de un bebé que sufre de forma intensa está siempre crispado, petrificado e incluso violáceo (valoración 3). El rostro del bebé que sufre mucho muestra gestos de dolor de forma prolongada (valoración 2). Por último, el rostro del bebé que sufre un poco menos presenta gestos de dolor pasajeros. Le tiembla el mentón, tiene los labios apretados, arruga la frente y frunce el ceño (valoración 1).

• La observación de su cuerpo revela una agitación permanente, una crispación de las extremidades, las manos y los pies, y una rigidez de los miembros. En ocasiones se observa una motricidad limitada y un cuerpo petrificado.

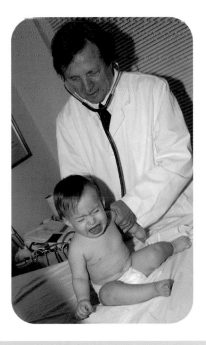

• Una agitación frecuente, con un retorno posible a la calma, se puntúa con un 2, mientras que una agitación transitoria se puntúa con un 1.

• La ausencia de sueño, el rechazo al contacto físico, gritos y gemidos sin que se produzca el más mínimo estímulo, así como que el bebé se muestre desconsolado y se chupe el dedo con desesperación, sin hallar consuelo, se puntúan con un 3.

• Por el contrario, el 0 significa que el niño tiene el rostro y el cuerpo relajados. Se duerme con facilidad y su sueño es tranquilo y prolongado. Cuando está despierto, presta atención a lo que oye y no necesita el consuelo de un adulto.

A partir de los 2 años

La mayoría de sus llantos revelan una oposición a la voluntad de los mayores. No tienen por qué ser síntoma de un niño caprichoso, sino de un niño que crece y que quiere poner a prueba su poder.

38 Desde hace un tiempo, nuestro hijo de 2 años coge unas rabietas increíbles. ¿A qué puede deberse?

Hasta ahora vuestro hijo se había portado muy bien, pero de la noche a la mañana, y sin saber muy bien por qué, se niega a caminar, se acuesta vestido o no quiere darle un beso a la abuela. Su determinación es tal que entre vosotros y él hay una lucha constante.

En el niño las rabietas son algo de lo más normal. A las pocas semanas de vida, el bebé ya coge algún berrinche. Pero también es cierto que algunos niños son más propensos a esta forma de enojo que otros, si bien se desconoce cuál es la verdadera causa de este comportamiento.

Lo que es cierto es que a los 2 años el niño atraviesa un periodo de agresividad en el que se enfada por nada y en el que provoca a sus padres para poner a prueba su resistencia. Revolcarse en el suelo, rabioso, es para él de lo más banal. En algunos casos el pequeño siente tanta rabia que puede llegar a sufrir una parada respiratoria durante varios minutos. Es lo que se denomina el *espasmo del sollozo*.

Si la familia es irascible, el niño también lo será. El pequeño usará este modo de expresión con mayor facilidad y espontaneidad si es una costumbre familiar.

Entre los 1 y 3 años, el niño toma consciencia de su personalidad y quiere imponer su voluntad. A menudo no se atreve a mostrar su furia directamente con el adulto y comienza a tirar los juguetes o a golpear los muebles, a sus hermanos o incluso a sí mismo. Una rabieta de vez en cuando no tiene importancia. Ahora bien, es probable que el niño que se enfurece a diario o varias veces al día sufra un trastorno, físico o psíquico, de falta de ejercicio o de un cansancio excesivo.

UN PEQUEÑO CONSEJO

Si se trata de una rabieta «normal», mantened la calma. Aunque no siempre es fácil, suele merecer la pena. La paciencia y la firmeza, sin gritos ni cachetes, desarman a los más persistentes. Explicadle al niño que entendéis perfectamente su rabia, pero que no vais a ceder. Todo ello, naturalmente, sin perder la calma. Algunos niños se tranquilizan de inmediato cuando ven que sus numeritos no logran impactar a sus padres, pero otros se mantienen en sus trece durante horas. Para calmarlos, basta con un gesto cariñoso y unos mimos.

Recordad que muchas de las rabietas dificultan la comunicación entre padres e hijo y que, por principio, en muchos casos es preferible no pelearse con él. Ante todo, evitad colgarle la etiqueta de niño irascible, ya que eso lo sumiría en un estado del que luego le resultaría complicado salir.

Las rabietas son siempre la expresión de una emoción y el niño tiene un registro expresivo limitado. La única manera de dar a entender su desasosiego son los lloros, los gestos y los movimientos del cuerpo.

Diferentes experimentos han demostrado que los niños reconocen la rabia de inmediato, aunque esta se exprese en un lenguaje desconocido, y que enseguida adoptan los gestos adecuados a este sentimiento. Cada vez son más los estudios que demuestran que las emociones fuertes como la rabia tienen una forma de expresión facial idéntica en todas las culturas.

Las rabietas son normales en los niños: es su forma de expresar lo que les disgusta o lo que no pueden conseguir.

Durante su segundo año de vida, existen otros lloros que se pueden interpretar de forma equivocada como rabietas. En realidad, estos lloros relativamente frecuentes son el resultado de un conflicto interno entre una autonomía cada vez mayor y una dependencia en prácticamente todos los actos de la vida cotidiana. El niño llora en cuanto debe enfrentarse a un cambio brusco. Por ejemplo, a la hora de salir de paseo o de volver a casa, llora porque no quiere ponerse el abrigo o se quita el gorro y luego se niega a desnudarse.

A menudo, da la sensación de que odia ir a un sitio que hasta ahora le encantaba, se aferra a vuestras piernas y rompe a llorar, para luego, pasada media hora, negarse de la misma manera a abandonar el lugar. ¿Por qué un comportamiento semejante? Al parecer, ese niño, consciente de su nueva autonomía, tiene miedo de sí mismo y, de repente, se siente pequeño y vulnerable. Ante esas situaciones de cambio, el dedo pulgar y su peluche le ofrecen un gran consuelo.

¿Quiere acostarse con los zapatos puestos? Si dejáis que lo haga, se quedará desarmado y aprenderá por sí mismo que es bastante incómodo.

39 Cada noche nos vemos obligados a acostar al niño a la fuerza y entre lloros, tras haberle contado un cuento y haberle hecho muchos mimos. ¿Qué podemos hacer para que deje de llorar?

Tenéis que hacerle entender que debe acostarse a la hora que hayáis fijado. Para negociarlo con él podéis, por ejemplo, haceros con un despertador y enseñarle que ha de acostarse antes de que las agujas del reloj lleguen a un punto.

Organizad un juego o realizad una cuenta atrás como si se tratara del cohete-sueño que ha de despegar. Pero antes, respetad sus rituales, ya que el niño los necesita. De hecho, el niño no quiere abandonar a los suyos para acostarse. Para ello, echa mano de su imaginación y recurre a una estratagema que le permita ganar tiempo e incluso hacer desistir a sus padres de su idea. ¡Y cree que puede conseguirlo!

Pero, ¡ojo! Si lográis acostarlo sin que monte ningún drama, no os alegréis demasiado pronto. Es muy probable que, instantes después, se ponga de pie en la cama y os pida algo. Si hacéis como que no habéis oído nada, gritará cada vez más fuerte y se echará a llorar. Acostadlo nuevamente y dadle otro beso, pero sobre todo no dejéis que se levante.

En ocasiones, el niño se levanta solo y acude a vosotros para pediros algo por enésima vez con un gesto indiferente. El niño utiliza prácticamente cualquier argumento que se le pasa por la cabeza. Esas peticiones estrambóticas, que cualquier padre reconoce como artimañas, se mezclan con necesidades que pueden ser reales: tiene sed, quiere ir al baño, le molesta el pijama, quiere que le demos un último beso, etc.

UN PEQUEÑO CONSEJO

Para no sentiros desbordados por las exigencias del niño, es preferible que no le dejéis establecer muchos ritos y que le neguéis las peticiones que sean demasiado extravagantes. Cuando consideréis que el enredo ya ha durado lo suficiente, decídselo claramente, acostadlo y no respondáis a sus llamadas, aunque vayan acompañadas de lloros.

En esta fase, podéis adelantaros al niño satisfaciendo algunas de sus necesidades incluso antes de acostarlo. Después no tendréis ningún motivo para ceder a sus peticiones. Manteneos firmes en que el niño tiene que dormir. Si se lo decís con un tono de voz tajante, el pequeño comprenderá que es inútil llorar.

Al negarse a acostarse, el niño de 2 años expresa su oposición a las normas impuestas por sus padres. De este modo se afirma como individuo dotado de carácter y personalidad.

que se produzcan, tendrá que dar las buenas noches a todo el mundo, tanto a las personas como a los animales, ordenar sus juguetes, escuchar siempre la misma historia, ver sus dibujos animados favoritos, etc.

Conforme vaya creciendo, sus exigencias serán cada vez más molestas. Hacia los 2 años y medio, el niño establece un verdadero ritual que puede comenzar mucho antes de acostarlo. Todas las noches, independientemente de las circunstancias

¡Atención! El orden de todos estos caprichos ha de respetarse si no se quiere tener que empezar nuevamente desde cero. De no ser así, el pequeño cogerá un berrinche y se alterará la calma necesaria para el sueño. En realidad, este ritual de antojos es para él la manera más segura que tiene de protegerse del miedo. Mostrando estas actitudes diariamente, el niño domina los miedos más arcaicos.

40 Desde que nos hemos mudado de casa, nuestro hijo llora casi todas las noches. ¿Existe alguna relación de causa-efecto?

Los lloros que acompañan los trastornos del sueño en el niño suelen ir ligados a alteraciones en su vida: una mudanza, un cambio de habitación, pero también una pelea de los padres o incluso una separación.

Conforme va creciendo, el niño es más consciente de todo aquello que pasa a su alrededor. Así pues, es sensible a un cambio de lugar, que lo priva de sus referencias, pero también al comienzo de preescolar, a la aparición de una nueva persona que lo cuide o, lo que es más grave, a los pequeños y grandes dramas familiares que generan tensiones. El niño se despierta entre dos fases de sueño y experimenta una sensación de angustia. Percibe, sobre todo a través del

Cuando se perfila un cambio en la vida de un niño hay que decírselo. A esta edad le gusta que le digan la verdad.

comportamiento de los adultos que lo rodean, que se está produciendo algo diferente e incluso anormal. Evidentemente, todo aquello que afecta directamente a sus padres lo altera. De este modo, algunos niños, cuando pueden salir de su cama, son capaces de acercarse a comprobar en mitad de la noche si sus padres siguen ahí. A veces, incluso tratan de acostarse en su misma cama, en cuyo caso es preferible acompañar al pequeño de vuelta a su habitación.

Para dormirse y dormir bien, el niño debe sentirse totalmente seguro, es decir, estar tranquilo y sentir un placer narcisista. Los niños perciben a la perfección la emoción que embarga a uno de sus progenitores o a ambos, pero como no la comprenden, se inquietan y a veces incluso se angustian. Como no saben qué es lo que los altera realmente, se echan a llorar para expresar sus emociones y buscar el consuelo en los padres.

La percepción de una alteración en el comportamiento de sus padres puede originarle inquietud, incluso cierta angustia, y, por tanto, trastornos del sueño.

Una agitación anormal, unos padres excesivamente cariñosos un día y algo menos al siguiente, unos padres tristes o que se pelean lo obligan a encontrar sus propios métodos para calmarse. En algunos casos, a la hora de acostarse, el pequeño permanece despierto en la oscuridad, pendiente del más mínimo ruido. En otros casos, el niño recupera la costumbre de despertarse durante la noche y de reclamar la presencia de sus padres.

Las separaciones que no acaban de ser aceptadas por los padres siguen siendo una de las causas más frecuentes de trastorno del sueño a esta edad.

Dichas separaciones pueden deberse a que el niño empiece a ir a la guardería —algo no previsto o consentido realmente por uno de los padres— o a que el pequeño sea enviado temporalmente a casa de los abuelos —por ejemplo, por el nacimiento de otro niño o para que la madre tenga un pequeño respiro, cuando ella, verdaderamente, no desea separarse de su hijo.

Algunos acontecimientos familiares son clásicos alteradores del sueño. Uno de ellos puede ser una buena noticia: el futuro nacimiento de otro bebé en la familia. Otros son más bien tristes, como la pérdida de un ser querido por parte de uno de los padres o la separación de la pareja.

En el primer caso, el niño observa, sin saber por qué, que su madre ya no tiene tanta disponibilidad para él: juega un poco menos, se niega a llevarlo en brazos siempre que él quiere, le cuenta cuentos más cortos por la noche, etc. Al no ser informado del acontecimiento que se avecina, el pequeño no comprende los cambios de comportamiento de su

UN PEQUEÑO CONSEJO

La aparición en su vida de una canguro desconocida para cuidarlo una noche también puede alterar a un niño. Si esto sucede, avisad al niño y, si la canguro llega antes de que se acueste, presentádsela para que se conozcan. Esa sinceridad lo tranquilizará y os permitirá comprobar que el pequeño no monta ningún drama porque de vez en cuando os ausentéis.

UN PEQUEÑO CONSEJO

Aunque el niño sea muy pequeño y no pueda comprenderlo todo, es mejor anunciarle primero la futura llegada de un hermanito o hermanita y luego explicarle los cambios que eso implica antes que dejar que se cree un clima de misterio. Los despertares nocturnos tendrán entonces una razón de ser. Fruto de los celos, brindarán a los padres la ocasión de demostrar su cariño abiertamente.

madre, siente que ella lo quiere menos e intenta llamar su atención a toda costa, día y noche. Si el secreto se oculta durante mucho tiempo, el niño equiparará el silencio a una amenaza, a un peligro que la revelación no conseguirá erradicar, ya que el pequeño todavía no es capaz de relacionar ambos acontecimientos.

Una pérdida en la familia también origina trastornos del sueño en el niño. El pequeño percibe la depresión, más o menos marcada, en la que se sumen los padres durante el luto. La tristeza, que moviliza una buena parte del psiquismo del padre afectado, cambia la forma que este tiene de mirar al pequeño. Su mirada se torna más distante y con menos brillo. Las muestras de afecto son más superficiales, en ocasiones casi mecánicas, y, por lo general, más escasas. El niño no acaba de reconocer a su padre o a su madre, y no comprende esta nueva actitud. A través de sus llamadas, el pequeño muestra que necesita a ese ser que se ha alejado de él, e intenta recuperar el afecto perdido.

Aunque el niño sea muy pequeño, la separación de los padres constituye un periodo de tantos trastornos afectivos que su calidad del sueño se ve irremediablemente alterada. La tristeza y la ansiedad vividas por el niño trastornan sus días y sus noches. Así pues, necesita que lo tranquilicen por más de un motivo. Sus despertares nocturnos le permiten comprobar que no ha sido «abandonado» en mitad de la tormenta y que uno de sus padres sigue ahí, que él no tiene la culpa de lo sucedido y que lo siguen queriendo. Piensa que el progenitor que se ha ido tal vez decida regresar mientras él duerme.

Los cambios en la vida de un niño, como la llegada de un hermano, pueden aumentar las pesadillas y los trastornos nocturnos.

UN PEQUEÑO CONSEJO

Si se produce una separación, la pena del pequeño sanará con el tiempo y este será más breve si sus padres mantienen una actitud responsable durante el proceso. Así, deberán permitir que quien abandone el hogar siga presente físicamente de vez en cuando y simbólicamente a diario. Afirmar alto y claro que la separación no cambia en absoluto en los vínculos afectivos con el niño es una condición esencial para que este pueda volver a dormir tranquilamente.

41

Nuestro hijo lleva un tiempo que parece tener miedo a acostarse. Se niega a entrar en su habitación, se agarra con fuerza a todos los muebles y llora a lágrima viva. ¿Qué se le puede estar pasando por la cabeza?

No son imaginaciones suyas. El niño ve algo agazapado en la oscuridad de su habitación y tiene miedo. Sus lloros son gritos de socorro.

Vuestro hijo tiene miedo y por eso llora. Se pueden alegar cuatro razones para explicar su comportamiento. Una de ellas es que muchos niños temen lo que médicamente se denomina alucinaciones hipnagógicas, que también padecen a menudo los adultos.

Definirlas no resulta sencillo, ya que se trata de una serie de fenómenos que tienen lugar inmediatamente antes o después del adormecimiento, justo en el momento en el que la vigilancia se relaja. La más frecuente es el sobresalto: el niño es víctima de una brusca relajación muscular que despierta su conciencia, provocándole la desagradable sensación de haber caído en un agujero o de lo alto de una enorme roca. La pérdida de tono muscular también puede provocar sensaciones de parálisis en todo el cuerpo, lo que impide cualquier tipo de movimiento. Otro fenómeno angustiante es tener la sensación de que un brazo pesa mucho o se alarga de forma desmesurada.

También existen ilusiones sensoriales, visuales, auditivas y táctiles: las sombras en las paredes de la habitación parecen monstruos, los ruidos familiares se tornan extraños o el pequeño tiene la sensación de que un insecto recorre su cuerpo. La ilusión también puede afectar a la mente, creando

UN PEQUEÑO CONSEJO

La inquietud que siente el niño a la hora de acostarse es relativamente normal, sobre todo si sus padres le imponen una hora para irse a la cama y el pequeño no tiene sueño. Se desaconseja suministrar al niño algún medicamento para dormir, ya que el pequeño interpreta este gesto como una verdadera provocación y activa un sistema de defensa para combatir sus efectos. Solo la firmeza y el cariño pueden poner fin a su resistencia.

UN PEQUEÑO CONSEJO

No es extraño temer ciertas sensaciones cuando se es niño y confluyen varios fenómenos. Si le pedimos al niño que nos cuente lo que le pasa y banalizamos estos fenómenos, le enseñaremos a no tener miedo de las alucinaciones que padece. El pequeño debe saber que sus padres también experimentan esas sensaciones y que se deben a un funcionamiento cerebral fantasioso.

Si vuestro hijo llora por la noche porque tiene miedo, no le dejéis solo. Acudid y dejadle que os explique sus temores; así podrá superarlos.

angustias y peligros imaginarios. En ocasiones se pueden sufrir alucinaciones hipnagógicas al despertar. En ese caso suelen adoptar la forma de parálisis del cuerpo o de un miembro. El niño llora desamparado.

En segundo lugar, algunos niños tienen miedo del sueño, un miedo especial que suele estar ligado al de no poder despertarse nunca más. Viven el hecho de acostarse como un momento importante de separación en el que la soledad en la oscuridad inmediatamente se torna insoportable. Ese miedo es comparable al miedo a la muerte, relacionado directamente con la desaparición de un ser querido, sobre todo si esta se ha comparado con un adormecimiento. Hay que evitar este tipo de explicación y hablar al niño del deterioro del cuerpo humano, del ciclo de la vida y de que aquellos que nos abandonan siguen viviendo en nuestros recuerdos y a través de nuestro amor. Cada uno ha de encontrar las palabras y las imágenes adecuadas a su creencia religiosa, su filosofía o su concepción de la vida. Estos niños necesitan, más que cualquier

No confirmar sus expectativas lo inquieta y lo mantiene despierto. Es el comienzo del círculo vicioso tan conocido por los adultos insomnes.

otro, que la hora de acostarse constituya un verdadero ritual. Hay que darles tiempo para que puedan sumirse en un dulce sueño.

Algunos niños, especialmente activos y voluntariosos, pueden negarse categóricamente a irse a la cama. Aunque estén cansados, se enfadan en cuanto se baraja esa posibilidad. No quieren quedarse en su cama y, cuando consienten por fin acostarse, luchan para no cerrar los ojos.

Otros niños sufren un desajuste de su reloj interno. Su cerebro es incapaz de sincronizarse con la hora habitual de acostarse. Por lo general, este trastorno, que consiste en atrasar cada día la hora de irse a la cama, se produce de forma progresiva. Estos niños se encuentran en plena forma hasta altas horas de la noche e intentan dormirse en su cama sin parar de moverse. Su necesidad de horas de sueño no se ve modificada. Así pues, tienen un despertar difícil. Les cuesta levantarse, sobre todo si van a la escuela, y arrastran el cansancio a lo largo de toda la mañana para luego recuperar la energía.

42 Nuestro hijo se despierta llorando en mitad de la noche. Siempre nos cuenta unas historias terroríficas. ¿Cómo podemos ayudarle a dejar de tener esas pesadillas?

Obviamente, cualquier conflicto que se produzca entre el niño y sus padres, sobre todo con su madre, puede alterar el sueño del pequeño. Al hacer las paces con él, los padres favorecen su adormecimiento, al mismo tiempo que ahuyentan los malos sueños.

Las pesadillas forman parte del desarrollo normal del niño. Algunas no lo despiertan, pero otras (le ataca un perro enorme, le persigue una bruja, se pierde en unos grandes almacenes, etc.) lo sacan bruscamente de su sueño.

Durante unos segundos, el niño no sabe dónde está ni si aún corre peligro. Poco a poco, se irá acostumbrando a esos sueños agitados y dejará de tener que llamar a sus padres para que vengan en su ayuda. Sus gritos os despiertan en mitad de la noche. El niño necesita que le ayudéis a entender que todo es producto de su imaginación. Numerosos acontecimientos pueden provocar pesadillas, hasta el punto de que podría decirse que estas son normales en la vida del pequeño. Si resultan muy espectaculares, y a menudo perturbadoras, es porque el niño las vive intensamente. Al igual que los sueños, las pesadillas se producen siempre durante el sueño paradójico. Agitan las noches del pequeño y generan los temores irracionales que amargan sus días. El miedo nace a partir de los 3 años y uno de los más comunes en sus pesadillas es el miedo a ciertos animales y a su mordedura.

También está el miedo al abandono, de ahí que los niños muchas veces sueñen que se pierden. Los monstruos y las brujas suelen nacer de los conflictos con sus progenitores.

Pero las pesadillas también pueden ser la manifestación de un temor más banal: el miedo a la multitud, a sentirse amenazado, a creer haberse perdido, a un ruido violento inesperado, etc. El niño,

UN PEQUEÑO CONSEJO

Para liberarse de una pesadilla hay que contarla. Si el niño se despierta angustiado, dadle tiempo para que os cuente lo que ha soñado y tranquilizadlo, ya que vosotros sois unos cazadores de dragones y de brujas experimentados. El pequeño puede contar con vosotros y volver a dormirse tranquilamente.

UN PEQUEÑO CONSEJO

Encended una lamparilla y cogedlo en brazos pero sin sacarlo de la cama, ya que si no es probable que no quiera volver a acostarse. Tranquilizadlo y, si hace falta, quedaos junto a él hasta que se duerma de nuevo.

a veces considerado de manera equivocada un adulto, suele tener muchas dificultades para vivir en el mundo de los adultos. Sucede también que los niños que empiezan a ser voluntariosos, coléricos e incluso autoritarios, viven a través de sus pesadillas situaciones de castigo, o al menos de gran oposición a sus deseos. Su agresividad diurna se vuelve contra ellos en sus sueños.

El niño de 3 o 4 años también atraviesa lo que los psiquiatras denominan *la fase edípica*. El pequeño no se encuentra bien consigo mismo, ya que alberga sentimientos contradictorios con respecto a sus padres, y se halla dividido entre el amor y los celos. Las personas más propensas para tener pesadillas son aquellas que no logran expresar lo que sienten con palabras y hablan menos durante el día. Cabe destacar que no resulta nada fácil estar locamente enamorado de uno de los padres y seguir unido al otro, que se ha convertido en su rival. Con lo cual, en cierto modo, es normal que el pequeño tenga pesadillas.

De este modo, sus noches se llenan de personajes y animales peligrosos que simbolizan al progenitor con el que el pequeño rivaliza durante el día. Aunque el niño sea más o menos capaz de controlar sus celos durante el día, por la noche la situación es completamente distinta. Evidentemente, no hay que olvidar que cualquier situación estresante puede hacer que tenga pesadillas, ya sea el nacimiento de un hermanito, un traslado, el divorcio de sus padres o incluso la vuelta al cole.

Algunos niños están tan aterrorizados por sus pesadillas que no quieren irse a la cama por nada del mundo, convencidos de que, en cuanto cierren los ojos, estas comenzarán a aparecer. Como a esta edad es imposible distinguir el sueño de la realidad, los monstruos devoradores, los objetos peligrosos, los perros feroces y las personas malas se convierten básicamente en una amenaza. Es raro que los niños recuerden con precisión lo que han soñado; sin embargo, sí retienen en su memoria los sentimientos de angustia que han experimentado.

Como todos los padres han tenido pesadillas durante su infancia, saben que el niño necesita que el adulto lo reconforte para conciliar un sueño reparador. Otra opción para tranquilizar al niño si está muy asustado consiste en dejar una lamparilla encendida en la habitación. Pero la mejor manera de que halle un poco de calma si se siente aterrorizado por sus pesadillas es hacerle hablar de ellas. En ocasiones, a algunos niños les resulta más fácil dibujar lo que han soñado.

UN PEQUEÑO CONSEJO

Unas cuantas palabras tranquilizadoras, un beso, su muñeco de peluche y la sensación de una presencia protectora a su lado suelen ser suficientes para calmarlo. A veces, el niño pide un poco más y hay que mirar debajo de la cama y abrir los armarios para comprobar que no hay nada inquietante en su habitación.

43

Muchas noches nuestro hijo se sienta en la cama y empieza a gritar. Sin embargo, parece estar dormido. ¿Está siendo víctima de terrores nocturnos?

El terror nocturno, diferente de la pesadilla, es un estado bastante curioso entre el sueño y la vigilia. Surge a primera hora de la noche, unas dos horas después de dormirse, justo cuando termina el primer ciclo de sueño profundo y todavía no ha comenzado la fase de despertar ligero.

El niño se incorpora en la cama, empieza a gritar o a pronunciar palabras más o menos incomprensibles. Algunos se agitan con violencia e incluso se levantan de la cama. La actitud del niño inquieta a los padres, ya que no parece haberse despertado, pese a tener los ojos abiertos y la mirada perdida. A estas inquietantes manifestaciones se unen otras fisiológicas: su corazón late con mayor rapidez, su respiración se acelera y a veces incluso está empapado en sudor. Consolarlo y reconfortarlo resulta prácticamente imposible y por lo general el niño se duerme de nuevo sin siquiera haberse

Tan solo los terrores nocturnos que persisten más allá de los 6 años deben ser objeto de consulta médica.

UN PEQUEÑO CONSEJO

Es mejor no hablar al niño al día siguiente de sus terrores nocturnos para que no se preocupe, ya que no recordará nada. La mejor manera de prevenir los terrores nocturnos consiste en dejar que el niño duerma las horas necesarias sin interrupciones y que duerma la siesta.

despertado. Los terrores nocturnos siempre se evocan en plural. En este sentido, la mayoría de los niños, hacia los 3 o 4 años, sufren dos o tres episodios, pero otros, en cambio, incluso pueden llegar a tener varios en una misma noche. Los terrores nocturnos no revisten gravedad alguna y no son síntoma de ningún trastorno cerebral ni psicológico. Impresionan mucho a los padres, que no saben cómo ayudar a su hijo a superarlos. Pero justamente se aconseja no hacer nada, no despertar al niño; hay que dejar que siga soñando, y el episodio cesará por sí mismo.

La única precaución que se ha de tomar es que si el pequeño está muy agitado, es preferible alejar de él todos los objetos que podrían resultarle peligrosos.

44 Tenemos un hijo que acaba de vivir un drama. Ha visto cómo atropellaban a su perro y desde entonces está desconsolado y no para de preguntarnos cosas sobre la muerte. ¿Cómo podemos ayudarlo a superar ese dolor?

La desaparición de un animal suele ser la primera ocasión en que el niño se enfrenta a la muerte. Ante ella el pequeño puede sentir miedo.

El niño vive una verdadera historia de amor con su mascota. El animal es su confidente y su consuelo cuando el pequeño se siente incomprendido por sus padres, además de ser un fantástico compañero de juegos.

Así pues, su desaparición siempre constituye una tragedia y es normal que llore por la pérdida de este amigo. Dejad que el niño exprese su angustia y consoladlo. Respetad cierto ceremonial a la hora de tratar el cuerpo del animal y, si el pequeño quiere enterrarlo, dejad que lo haga, ya que eso le ayudará a aceptar mejor su muerte.

Es posible que os sorprendan algunas de sus reflexiones. Por ejemplo, tal vez el niño os pregunte cuándo va a volver su amigo o incluso afirme que este va a resucitar. Hasta los 5 o 6 años, el pequeño piensa que la muerte es algo reversible. Por otro lado, esa manera de pensar es la que lo conduce a poner su vida en peligro sin ningún miedo, ya que para él la muerte no es más que un estado pasajero y tras ella todo vuelve a la normalidad.

A su edad, la muerte es como un juego que le permite expresar todo lo que siente: el amor, el odio… En resumen, la vida en sí. Pero entre ficción y realidad, hay una gran diferencia y el niño es consciente de ella cuando pierde a un allegado. Es entonces cuando debe hacer frente a la realidad.

Entonces, es preciso anunciarle la muerte con dulzura, con palabras sencillas y dedicar un tiempo a hablar de ella. A menudo, hay que decirle que esta prueba es dura y que es normal sentir pena. Mentirle para protegerlo no haría sino aumentar su desconcierto.

Cuando el niño comprende la realidad de la muerte, puede sentir cierta ansiedad, la cual se manifestará mediante lloros o trastornos del sueño. Ese miedo, al igual que todos los miedos, es normal y hablar de él es la única manera de combatirlo. Si se convierte en un miedo atroz y de carácter fóbico, si se torna en algo patológico, será preciso tratarlo.

UN PEQUEÑO CONSEJO

Si el niño concede la misma importancia a la desaparición de su mascota que a la de un familiar no os mostréis resentidos con él. Este acontecimiento suele conducirlo a hacerse algunas preguntas sobre el futuro de las personas o sobre la muerte de los animales. Lo mejor es responder a las preguntas del niño de la forma más clara posible, pero adaptando las respuestas a su sensibilidad, su edad y su grado de madurez.

45 Nuestro hijo parece tener miedo de todo últimamente. Se pasa el día lloriqueando escondido entre mis piernas. ¿Qué le ocurre?

Las primeras manifestaciones del miedo aparecen entre los 2 y los 5 años. Estos miedos de todo tipo, todos ellos de lo más normales, suelen materializar y expresar una ansiedad vivida en un momento determinado con un objeto o una persona.

El desarrollo del pensamiento conlleva dudas, tensiones y dificultades que el miedo atenúa. Algunos niños parecen más inclinados a sentir miedos que otros debido al ambiente familiar en el que viven. Y es que si sus padres trasladan su ansiedad sobre ellos, los pequeños se las arreglan para inquietar aún más a sus progenitores. Este fenómeno se acentúa cuando los padres pierden de vista la imagen tranquilizadora que han de mostrar a sus hijos. Sin embargo, si el niño logra controlar su

El apoyo de los padres resulta fundamental para superar los pequeños temores de los niños.

angustia será capaz de superar nuevos retos. Sea como sea, sentir miedo es inevitable y fantástico.

Tal vez el miedo tenga utilidad. Tanto en el hombre como en el animal, el miedo es una manifestación del instinto de supervivencia, permite descubrir los peligros y hacerles frente. Las reacciones fisiológicas

UN PEQUEÑO CONSEJO

El niño debe estar seguro de contar con el apoyo del adulto. En su compañía se armará de valor, visitará los lugares que le dan miedo y tocará el animal o el objeto que lo asustan. Las felicitaciones por sus logros lo ayudarán a controlarse y a vencer otros miedos, diferentes o más tenaces.

del niño que tiene miedo son las mismas que las del adulto: el corazón late con mayor rapidez y la presión sanguínea y la adrenalina aumentan. Todo su organismo está en alerta. La gran diferencia es que las angustias que sienten pequeños y mayores no son las mismas.

En los niños los miedos están directamente relacionados con las etapas del desarrollo. De este modo, del miedo a la separación en los niños de 8 o 9 meses nacen los miedos a perderse y a ser abandonado, lejos del cariño de aquellos que los quieren y a quienes quieren.

Posteriormente, cuando el niño inicia la etapa de dejar los pañales, siente el temor de desaparecer. El pequeño se inquieta al ver cómo sus excrementos, considerados una parte de sí mismo, desaparecen por el retrete, a menudo concebido como un agujero sin fondo al que puede caer si comete una torpeza y por el que desaparecer al tirar de la cadena. Asimismo, algunos niños temen desaparecer por el desagüe de la bañera. A otros les asusta el conducto de las basuras, una enorme boca que se lo traga todo, sin distinción, o incluso el aspirador, que no siempre selecciona lo que aspira.

El miedo a caerse es lo que impulsa al niño a bajar las escaleras y el miedo a enfermar lo que le da valor para soportar las inyecciones. A partir de los 3 años, es normal que le tenga miedo a todo. Para ayudar al niño a vencer sus miedos, hay que hablar de ellos. Solo a través de la palabra logrará superarlos.

Tener miedo es una muestra de que el niño piensa y, en ocasiones, incluso de que tiene mucha imaginación.

El miedo a los animales y a su mordedura es otro gran clásico, sobre todo en los niños que no viven con un perro o un gato. Este temor tiene su origen en los sentimientos agresivos del niño que necesita morder y arañar cuando está inquieto o contrariado. El niño se siente muy próximo al animal; para el pequeño, el animal tiene unos sentimientos idénticos a los suyos. Los miedos a los animales también pueden ser fruto de una mala experiencia: la picadura de una avispa, un perro guardián que se abalanza sobre la verja o los impresionantes bufidos de una pelea de gatos.

En ocasiones el animal sirve como válvula de escape para la agresividad del niño, que se dedica a tirar al perro del rabo, perseguir al gato, etc. El pequeño tiene miedo de que el animal le pague con la misma moneda, lo cual se ve acentuado por cierto sentimiento de culpabilidad. Pero el miedo también puede ser fruto de una torpeza del adulto que, queriendo proteger al niño, le dice: «Ten cuidado con el perro, no lo toques o te morderá» o «No te acerques al gato, que te arañará».

El miedo a dormirse suele estar ligado con el miedo a no poder despertarse. El niño vive la hora de irse a la cama como un momento importante de separación en el que la soledad en mitad de la oscuridad se torna insoportable. El sueño se ve así salpicado de pesadillas.

Los miedos forman parte del desarrollo normal de un niño. Este debe experimentar toda una gama de miedos: el miedo a las tormentas, el miedo a la oscuridad, el miedo a ser abandonado, el miedo a ser separado de los suyos, el miedo a ser devorado, el miedo a los animales grandes y, más tarde, a los pequeños. Es el momento de jugar con el miedo y de explicarlo. Los niños siempre tratan de expresar sus temores, si bien su capacidad de expresión no siempre les permite hacerse entender. Lo importante es que hablen de ellos y que alguien los escuche con atención. Muchos temores pueden desaparecer con una explicación muy simple. Así, por ejemplo, el perro negro que asusta al niño, después de todo, no es más que un perrito fantástico que ha crecido.

Sentirse querido sigue siendo la manera más segura de no tener miedo. Los adultos, en especial los padres, son un referente para los niños; por eso es tan importante que cuenten con su apoyo y comprensión.

UN PEQUEÑO CONSEJO

Leedle tranquilamente algunos cuentos de miedo y repetídselos hasta la saciedad. Si lo observáis, veréis que se emociona y que os pide que le contéis una historia aún más estremecedora. Así es cómo domina sus miedos. Estos cuentos repletos de terribles historias tienen el poder de protegerlo de las fobias, esos miedos irracionales difícilmente controlables. Seguramente tendrá un cuento favorito, uno que lo acompañará a lo largo de toda su infancia y que, más tarde, contará él mismo a sus hijos.

46 Tenemos un hijo de 3 años al que le da mucho miedo la oscuridad y que en cuanto apagamos la luz de su habitación empieza a llorar. ¿Qué podemos hacer para ayudarle a superar este miedo?

Jugar al escondite en la oscuridad es señal de que el niño controla perfectamente la situación.

Casi todos los niños tienen miedo a la oscuridad. Es un gran clásico de los miedos infantiles. Al miedo a la oscuridad se añaden todo tipo de peligros imaginables. Y es que los bandidos, las brujas y todos los animales devoradores nacen de las tinieblas.

La imaginación del niño crea un mundo desconocido y angustioso. El crujido del parquet o de una madera de un armario es un ruido que, en el silencio de la noche, adquiere unas dimensiones desmesuradas. Incluso los objetos más familiares se transforman en sombras amenazadoras. Los niños imaginativos se crean miedos de lo más diversos.

Por la noche el niño se encuentra solo y es entonces cuando surgen en él todo tipo de angustias y miedos. El más común es el miedo a la separación, al que va asociado una profunda impotencia, ya que no hay nadie allí que pueda protegerlo. El pequeño atraviesa también un periodo en que se plantea todo tipo de dudas existenciales, sobre todo aquellas ligadas a la sexualidad. Sus deseos e impulsos del periodo edípico, que él mismo sabe son inaceptables socialmente, se transforman en aprensiones de múltiples peligros imaginarios. Un buen oso de peluche, mullido y protector, suele ser suficiente para aplacar sus temores, que no desaparecerán de la noche a la mañana, sino de forma progresiva, con el paso de los meses.

Por la noche el niño también experimenta el miedo a la soledad, lo que lo conduce a hacer todo lo posible para atrasar la hora de acostarse. Estas angustias nocturnas provocan pesadillas, prolongaciones deformadas de la vida diurna. El niño está tan asustado que es incapaz de distinguir lo «real» de lo imaginario.

Los padres pueden tomar algunas precauciones para ayudar a que su hijo supere el miedo a la oscuridad. Por ejemplo, pueden dejarle encendida una lamparilla o simplemente dejar la puerta de su habitación abierta y la luz del pasillo, encendida. No penséis que se va a malacostumbrar, ya que esta necesidad desaparece de manera natural con la edad.

Basta con que le enseñéis que las personas mayores también duermen en la oscuridad. Entonces, ¿por qué no él también que sueña con ser mayor? Resulta asimismo primordial que conozca mejor su entorno nocturno, dado que el niño se encuentra en un mundo desconocido.

La solución al miedo a la oscuridad no pasa por dormir en la cama de los padres; los niños deben acostumbrarse a dormir en su habitación.

¿Por qué no proponerle un paseo por la casa a oscuras y pedirle, a modo de juego, que reconozca los objetos de su habitación por el tacto? Id pasando de habitación en habitación indicándole los objetos y los seres familiares. Ahora bien, esta actividad únicamente resultará beneficiosa si el niño está tranquilo. Así pues, proponedle participar, pero no lo obliguéis. Ya volveréis a insistir más adelante.

UN PEQUEÑO CONSEJO

El miedo a la oscuridad solo se puede tratar con una dosis de comprensión. Es imposible que el niño lo supere si el adulto lo ridiculiza o se muestra autoritario, y menos aún si se intenta distraer al niño de aquello que lo asusta. El pequeño logrará aplacar sus temores si cuenta con el apoyo de los suyos y estos lo tranquilizan. La solución consiste en familiarizar al niño con aquello que lo aterra: el miedo a la oscuridad se domina manipulando los interruptores de la luz, el miedo al monstruo dentro del armario acercándose a él, de la mano de mamá o papá, y viendo que es irreal. El dibujo es otro excelente método para ahuyentar sus miedos, ya que le permite expresarlos y, por tanto, controlarlos.

47

Desde que nuestro hijo cumplió 3 años, no soporta que le impongan nada y enseguida rompe a llorar. ¿Es algo pasajero o es que tenemos un niño caprichoso?

Su comportamiento tiende a la autoridad o al autoritarismo, grados ambos que dependen de la educación que haya recibido hasta entonces, pero también de su carácter. Algunos niños son más flexibles que otros. A los misterios de la genética se unen los modelos parentales.

Los niños piensan de manera diferente a los adultos. Afirman su personalidad a diario y con detalles que parecen nimios para sus padres, pero que para ellos son básicos. Hacia los 3 años, el niño suele mostrarse autoritario. Sus palabras favoritas son «yo» y «querer».

De esta manera muestra que su representación del mundo gira en torno a su persona: «Yo quiero = yo existo = yo domino el mundo». El niño entra en una fase de oposición en la que las rabietas son constantes. Ha llegado el momento de dialogar con él y de hacerle entender que es una persona de pleno derecho con sus deberes y sus necesidades.

Cuando un niño se coge una rabieta, se pone a gritar y a patalear por un motivo sin fundamento y en ocasiones inesperado. Quiere encender la luz, llevar un paquete demasiado pesado para él, comerse unos caramelos justo antes de comer o montar una vez más en el tiovivo antes de volver a casa. La rabieta expresa el deseo y no la necesidad. Este niño se ha empeñado en poner a prueba vuestra capacidad de aguante y vuestros límites. De ahí que suela escoger montar una pataleta en el momento más inoportuno, cuando el padre o la madre están estresados o tienen prisa.

UN PEQUEÑO CONSEJO

Si el niño coge una rabieta, tendréis que actuar con firmeza y autoridad, ya que cuantos más caprichos le concedáis más antojos reclamará a gritos. Si es necesario, recurrid a la fuerza, coged al niño en brazos y luego ofrecedle una distracción.

Si el niño ha provocado algún desperfecto durante el berrinche, pedidle que lo repare. Así, si ha roto algo deberá arreglarlo, si ha ensuciado algo deberá limpiarlo y si ha dicho o hecho algo inapropiado deberá pedir perdón. Todo eso le ayudará a salir de la crisis.

Si el niño no coge ninguna rabieta hay que preocuparse, ya que los berrinches son la prueba de que se hace mayor.

Tal vez hayáis podido comprobar que algunos momentos del día son más propicios que otros, por ejemplo, cuando el pequeño vuelve de la guardería o del colegio. En efecto, la vida en sociedad obliga al niño a transigir con los otros niños y con los adultos que se ocupan de él. Sus rabietas de la tarde se asemejan a la válvula de vapor de una olla exprés. Además, son una manera fantástica de llamar la atención de unos padres cansados, poco disponibles tras una dura jornada de trabajo o que se han enfrascado en una conversación importante.

Las rabietas aumentan entre los 18 meses y los 4 años, una edad en la que el niño sabe que para poder y tener no es suficiente con querer algo. También sabe, por experiencia, ahora que empieza a hacerse mayor, que debe transigir con la realidad.

Estas constataciones lo sacan de sus casillas, ya que no le gusta sentirse frustrado. Pero lo que es muy característico a esta edad es la nueva capacidad del niño de volver a la carga al poco rato. Aunque su lenguaje ha aumentado de forma espectacular, el niño todavía no es capaz de expresarlo todo, de ahí que actúe como «un niño pequeño» y se ponga a gritar, a gesticular y patalear.

El niño entenderá y aceptará mejor las prohibiciones si estas son claras y firmes. Los padres son los encargados de velar por el mantenimiento de estas prescripciones, que constituyen la única manera de que el niño tenga unos puntos de referencia gracias a los cuales sentirá seguridad afectiva, una seguridad que experimentará sin siquiera pensar en ella.

La oposición, aunque sea insoportable, es signo de un desarrollo normal del niño. Ahora bien, si esta fase supera los 5 años debe entenderse como un síntoma de que el niño todavía no está seguro de sí mismo ni de su entorno.

UN PEQUEÑO CONSEJO

Lo más difícil para los padres es no dar su brazo a torcer e imponer su voluntad sin sentirse culpables. ¡Cuidado! El niño sabe manipularos muy bien: no cedáis y no intentéis compensarlo con un regalo o con algún chantaje. Ahora bien, tampoco le digáis que es un cascarrabias o que tiene un carácter imposible, ya que esos calificativos influirán en su comportamiento. El pequeño siente la angustia que os provoca su actitud y soporta más o menos bien la interpretación que hacéis de sus opiniones y sus actos. Si le colgáis una etiqueta, se comportará según ese sambenito.

Si tiene una rabieta, recordad que se encuentra en plena fase de aprendizaje y que está atravesando el difícil periodo del complejo de Edipo, una etapa en la que ha de renunciar a muchas cosas. A pesar de sus rabietas, debéis manteneros firmes en vuestras ideas y, sobre todo, ser coherentes con las decisiones que toméis; los niños deben saber que existen reglas y que estas deben cumplirse.

48 En unos meses nuestro hijo irá al parvulario. ¿Qué podemos hacer para prepararlo para que, llegado el día, no llore demasiado?

El día que empieza el parvulario es un gran día para el pequeño, si bien es cierto que también es un momento de muchos lloros. Si el niño llora ese día, no os preocupéis. No significa ni mucho menos que esté triste por tener que ir al colegio. Sin embargo, separarse de su madre, de su casa y de su familia le resulta difícil.

Sed puntuales a la hora de la salida, ya que el niño puede interpretar un retraso de unos minutos como un abandono.

El pequeño se adentra en un mundo que le resulta desconocido y que, por tanto, le da miedo. Tendrá que encontrarse con otros niños y otros adultos a los que no conoce de nada. Además, él, que parecía tan valiente, no puede obviar el ambiente: muchos otros niños están llorando en el momento de la separación, lo cual desestabiliza hasta al más fuerte, que a menudo se deja vencer por la emoción. Preparadlo y decidle que algunos niños van a llorar porque aún no son lo suficientemente mayores.

En el momento de la matrícula, informaos sobre el modo de separación que ofrece el centro, ya que no todos funcionan de la misma manera. Algunos maestros prefieren que los padres dejen al niño y se vayan enseguida, sin prolongar demasiado el momento de la despedida. Otros prefieren que la ruptura sea suave e invitan a los padres a entrar en la clase para desaparecer minutos después. Antes

El primer día de colegio es muy importante para padres y niños. Juntos deben afrontar la nueva situación que, seguramente, provocará algunos lloros.

de soltarle la mano y de marcharos sin mirar hacia detrás, dadle un último beso y quedad con él a «la hora de las mamás». A la salida del cole, no le hagáis demasiadas preguntas sobre lo que ha descubierto ese día.

El niño necesita un tiempo de adaptación para pasar de la vida colectiva a la vida familiar. Además al niño suele costarle explicar qué ha pasado horas antes.

Lo ideal sería que unos meses antes de empezar el colegio el niño pudiera conocer el lugar donde pasará parte del día y a las personas que cuidarán de él. También podrían quedarse dos o tres veces en el comedor y jugar un rato en el patio de recreo con otros niños mayores que él y que ya han pasado por una experiencia similar.

UN PEQUEÑO CONSEJO

Por más que preparéis al niño, no podréis impedir que esté nervioso ante la idea de tener que separarse de vosotros. Debéis comprender su disgusto y estar convencidos de la importancia de su integración en la escuela y de sus capacidades para separarse de vosotros.

49 No podemos ir a hacer la compra sin que nuestro hijo nos pida que le compremos algo. Como no queremos ceder, siempre nos monta un drama. ¿Cómo podemos hacer frente a sus caprichos?

Un exceso de regalos es perjudicial y convierte los deseos en necesidades a cualquier edad.

El niño no tiene ninguna duda: todo lo que hacen sus padres está directamente relacionado con él. Así pues, es lógico que busque en las distintas secciones de un supermercado qué habéis venido a comprarle. Pero también es su manera de participar en la compra.

Tomadle la palabra y ofrecedle la oportunidad de ser útil. Por ejemplo, si le pedís que lleve el pan evitaréis que os pida caramelos, ya que estará orgulloso de poder ayudaros. También podéis implicarlo a la hora de escoger un producto, por ejemplo a la hora de elegir el sabor de los yogures

UN PEQUEÑO CONSEJO

Si os mantenéis firmes desde el principio, vuestro hijo debería ser un consumidor responsable el día de mañana. Debéis encargaros de explicarle que no siempre tenemos lo que queremos y que los regalos se reservan para los grandes acontecimientos y los cumpleaños.

El supermercado es un lugar mágico para los niños, lleno de cosas atractivas y riquísimas. No le acostumbréis a salir siempre con algún capricho.

y, por qué no, el olor del champú o el color del papel higiénico. Sus increíbles ganas de aprender lo empujan a mirar con interés los escaparates y los estantes, aunque también se da cuenta enseguida de que esa es una manera fantástica de ver si su madre cede a sus caprichos.

Intentad conteneros y no caigáis en la trampa de la tontería que cuesta poco o de la piruleta que acalla su llanto. En realidad, para ese niño que todavía no sabe lo que vale el dinero todos los regalos son iguales.

La mayoría de los psicólogos piensan que los niños caprichosos han recibido una educación incoherente. Lo cierto es que ningún niño nace siendo insoportable. Sus comportamientos están ligados a etapas claramente definidas del desarrollo o son fruto de un carácter forjado mediante unos principios educativos laxistas o rígidos. A través de la educación, los padres refuerzan o frenan las disposiciones naturales, y las tendencias que se originan a lo largo del desarrollo para modelar el carácter del niño.

Un niño adquiere un espíritu de independencia o de timidez en función de las libertades que le ofrezca su entorno. Para convencerse de ello basta con observar cómo algunos niños se comportan de forma diferente según la persona que se ocupe de ellos.

Los niños caprichosos suelen ser niños que obtienen recompensas por cualquier cosa. Sea como sea, la recompensa no es un buen método educativo.

UN PEQUEÑO CONSEJO

Antes de ir a hacer la compra, es posible llegar a un acuerdo con el niño: las compras son para toda la familia. Haced una lista detallada de lo que necesitáis y que él se encargará de llevar. Obviamente, está prohibido saltársela. Convertid las compras en un juego en el que el pequeño tenga responsabilidades. Pedirle ayuda, aunque esta sea irreal, a la hora de realizar tareas cotidianas como la compra en el supermercado creará un clima de confianza.

Incluso un niño de corta edad puede entender la noción de chantaje y sabe que la recompensa se mide en términos materiales o afectivos.

El sistema de recompensas solo tiene valor educativo si va acompañado de una felicitación. Dichas recompensas han de ser una manera de premiar el

Una comunicación directa y sincera es la mejor manera de enseñarle el comportamiento adecuado.

esfuerzo y el esmero. Resulta contraproducente dejar al niño la libertad de decidir su comportamiento, el cual, normalmente, debe ser impuesto por los padres. Sería el caso del caramelo para premiar al niño por haberse portado bien en el supermercado. Lograd encontrar una solución que os satisfaga a ambos.

50 Nuestros dos hijos se llevan como el perro y el gato. Se pelean, se pegan y al final siempre acaban llorando. ¿Qué podemos hacer?

Existen muchos motivos de riña entre hermanos y hermanas: los celos, la diferencia de edad o de sexo, la necesidad de individualidad, etc. En determinados momentos todo es objeto de desacuerdo y parece que siempre hay alguien dispuesto a buscar pelea.

El reparto del cariño de los padres suele desatar los celos en los hermanos. Evidentemente, el mayor es el primer afectado, ya que tiene la sensación de que va a perder el amor de sus progenitores y, sobre todo, el de su madre.

Este miedo se ve fomentado por determinados cambios en la vida familiar y por palabras más o menos hábiles o que el niño interpreta de mejor o peor manera. Cuando nace su hermano pequeño, el mayor suele expresar lo que piensa de ese bebé con palabras, pero también con gestos: lo mece bruscamente, le mete el dedo en el ojo y lo intenta morder o arañar. Los padres deben velar por la seguridad del recién nacido y hablar con su otro hijo.

En ocasiones, los celos también se manifiestan cuando el hermano pequeño aprende a caminar. Muchas de sus caídas son provocadas por el hermano mayor, a quien hacer llorar al pequeño de la casa le provoca cierto regocijo.

Ahora bien, el benjamín también puede tener muchos celos de las prerrogativas de un hermano mayor sobrevalorado tras haber adquirido cierta autonomía, como empezar el colegio o irse de vacaciones sin su familia.

Que vuestros hijos se peleen cuando son pequeños no significa que no vayan a ser verdaderos amigos el resto de su vida.

Aparte de los celos, las riñas a menudo también son provocadas por ciertas «molestias». El mayor, por ejemplo, opina que el pequeño hace demasiado ruido cuando él tiene que estudiar, o el pequeño se niega a dejar a su hermano la videoconsola que le acaban de regalar y cuando este intenta quitársela por la fuerza, se monta un drama.

Si los padres están atentos sabrán resolver estos conflictos. En realidad es bastante simple: cada niño necesita que lo escuchen de manera individual y que le dediquen unas muestras de cariño solo a él. Pero la vida familiar también necesita que se instauren ciertas normas de convivencia basadas en el respeto a los demás, como son el respeto del territorio, el respecto de la personalidad y del sexo. A los niños, sobre todo, les gusta mostrar su menosprecio hacia las chicas tildándolas de coquetas y miedicas. De esta forma reafirman su masculinidad. Los padres deben controlar estos comportamientos para evitar que estos niños sean unos machistas en la edad adulta.

Está comprobado que cuanto menor es la diferencia de edad, menos conflictos hay entre hermanos. Aquellos que se llevan apenas un año funcionan un poco como si fueran gemelos. Viven casi al mismo tiempo las grandes etapas del desarrollo, crean entre sí muchas afinidades y enseguida adquieren la noción de justicia y equidad.

Cuando los niños llegan a las manos, debéis intervenir, si es posible sin tomar partido. Si no, entraréis en una interminable discusión que no hará sino aumentar la rivalidad y el rencor entre vuestros hijos. Mientras sean pequeños, intentad dialogar con ellos y dejad que ambos se expresen. En cuanto se os presente la oportunidad, enseñadles las ventajas que ofrece tener un hermano.

Por último, definid las normas de convivencia entre hermanos y hermanas: devolver al otro lo que le ha prestado, no cogerle nada sin pedírselo, no rebuscar entre

> Los celos entre hermanos son un verdadero motor de desarrollo. Cada uno tratará de ser mejor y más rápido que el otro.

UN PEQUEÑO CONSEJO

Procurad no hacer discriminaciones entre uno y otro de forma inconsciente. Unas palabras o unos gestos para vosotros sin importancia pueden ser muy importantes para vuestros hijos. Sentarse en la mesa al lado de mamá, comprarle ropa solo al mayor y el pequeño llevar la ropa vieja de su hermano, o un comentario más o menos acertado sobre las características físicas e intelectuales de unos u otros pueden desencadenar los celos.

UN PEQUEÑO CONSEJO

El ejemplo del comportamiento de los padres con sus propios hermanos es fundamental. Ver que su padre o su madre mantiene una buena relación con sus hermanos o hermanas permitirá a los hijos de una misma familia constatar que entre ellos también puede haber una buena relación.

sus cosas cuando no esté y no acusarlo de nada, salvo en caso de extrema necesidad.

Si un niño tiene celos porque piensa que sus padres no lo quieren lo suficiente, es mejor no castigar su actitud, sino ponerle remedio a través de unas muestras de afecto y no de la represión. Para evitar las rivalidades entre hermanos se ha de realizar un reparto equitativo de los privilegios y las satisfacciones. Por último, conviene fomentar las individualidades. Cada hijo ha de tener sus propios amigos, sus deportes favoritos y sus aficiones.

51

Nuestro hijo es extremadamente tímido, hasta el punto de que se echa a llorar cuando alguien le habla. ¿Cómo podemos ayudarlo?

Todos los niños atraviesan una fase de timidez. Hacia los 5 o 6 años, esta se define por el temor a lo que opinen los demás. El niño que sufre de timidez se cree siempre el centro de interés de la sociedad y de su entorno.

La familia desempeña un papel importante en la «instalación» definitiva de la timidez o bien en su carácter pasajero. Tratar una timidez excesiva no es tarea fácil. Según parece, la manera más sencilla de combatirla es ofrecer al niño la oportunidad de convivir con otros niños u otros adultos que no pertenezcan al ámbito familiar.

UN PEQUEÑO CONSEJO

La práctica de un deporte individual y luego colectivo es una buena solución para vencer la timidez y sociabilizarse. Cuidado con los niños inhibidos que se identifican con uno de sus padres, también tímido. Este último deberá hacer un esfuerzo por superar su propia timidez. No obstante, no se trata de un rasgo de carácter hereditario. Un comportamiento desmesurado en el niño puede implicar un retraso en su desarrollo.

Ante todo, no dejéis que se aísle. No dudéis en invitar a otros niños a jugar con él. Cuando haya superado sus primeros temores seguramente estaré listo a dar los primeros pasos hacia los demás sin demasiadas reticencias. Pero no lo forcéis, ya que eso no haría sino aumentar su malestar. Si es tímido, significa que no está seguro de sí mismo, por lo tanto conviene valorarlo mejor y no hacerle reproches ni burlarse de él. Evitad pronunciar palabras que le hagan dudar de sus capacidades. Enseñadle que, en determinadas circunstancias, los adultos también pueden sentirse intimidados.

La timidez también es una manera de protegerse. Un niño sensible e introvertido puede tomarse un tiempo para observar el entorno y sus reacciones. Cuando se haya formado una opinión, se relacionará con aquellas personas que haya juzgado. El niño tímido en casa es un niño tranquilo y obediente que participa en la vida familiar. Por lo general, su reserva se considera algo positivo. Le gustan las actividades tranquilas que exigen una reflexión en solitario. Suele ser un alumno aplicado y que se muestra orgulloso de sus logros escolares. Para estos niños es apropiada la práctica de deportes como el yudo.

Podéis ayudar a vuestro hijo con unos simples gestos: proponedle realizar actividades que se le den bien o que os vaya a comprar algo para haceros un favor, y dejad que se las arregle solo. Vuestra actitud también tiene mucha importancia: no os burléis de él, no le mostréis una autoridad excesiva, pero tampoco os apiadéis de él cada vez que sus compañeros se metan con él y, sobre todo, felicitadlo por sus esfuerzos para vencer la timidez.

Exigir de forma autoritaria otro comportamiento es inútil: la timidez siempre es incontrolable y, por lo tanto, no se puede dominar.

En ocasiones la timidez puede ocultar una inhibición, una falta de confianza en sí mismo, un repliegue sobre sí mismo o incluso un retraso. De hecho, los tímidos que se sientan al fondo de la clase pasan desapercibidos, mientras que los niños excitados, agitados y agresivos son diagnosticados de inmediato. Sin embargo, muchas veces el tímido corre más riesgos que los otros. La inhibición puede encerrar al niño en un mundo interior, provocar una falta de confianza que conlleve una actitud de regresión y ciertos retrasos en el desarrollo. Una manera de ayudar a un niño tímido es proponerle compartir con él actividades como el dibujo o la lectura, ofrecerle la oportunidad de expresarse y favorecer su integración en un grupo.

52 Nuestro hijo siempre está lloriqueando. ¿Es este un rasgo de su carácter?

Si un niño lloriquea significa que no se siente bien consigo mismo. Este malestar puede tener diversas causas. La más habitual es el cansancio, fácilmente reconocible, ya que el niño no quiere que lo cojan en brazos para consolarlo ni que intenten distraerlo.

El niño busca la tranquilidad. Pero a veces está tan cansado que la tensión que siente le impide dormir un poco para recuperarse. La solución es controlar que el pequeño descanse el tiempo necesario para su edad y que el ambiente que lo rodee no le altere el sueño. Ahora bien, que sepáis que no todos los bebés necesitan las mismas horas para recuperarse, pues hay niños más dormilones y niños que duermen menos.

Si respetáis sus horas de sueño, lleváis un ritmo de vida regular y el ambiente familiar es relajado, los lloros desaparecerán. El cansancio también puede ser el resultado de una sobreestimulación física o intelectual. La capacidad de atención de un niño es muy limitada y demasiadas distracciones le generan una tensión que se ha de eliminar con mucha paciencia y tranquilidad.

Los padres han de asegurarse de que el comportamiento gruñón del pequeño no esconde tras de sí ninguna enfermedad.

El llanto indicador de tristeza suele ir asociado a trastornos del apetito y del sueño. El niño permanece muchas horas en la cama con los ojos abiertos de par en par, o se desentiende de sus juguetes y del mundo que lo rodea. Otros niños, en cambio, se muestran irritados. Ese llanto también puede deberse a que el pequeño no tiene una buena autoestima. Algunos incluso viven momentos de depresión, provocada por problemas familiares o escolares.

Por último, el pequeño también puede lloriquear de aburrimiento. Esa es una buena manera de llamar la atención de sus padres. Evidentemente, el aburrimiento desaparecerá cuando los padres se muestren disponibles y le propongan algún juego. Es totalmente indispensable que los padres se impliquen, de modo que no vale recurrir a la televisión como método de distracción. Si lo desean, los padres pueden imponer la regla de hacer oídos sordos cuando el niño lloriquea y prestarle atención cuando cesan sus lloros.

UN PEQUEÑO CONSEJO

Según algunas estadísticas, existe un 3 % de niños depresivos de menos de 6 años. El tratamiento de esta enfermedad consiste básicamente en una serie de entrevistas con los padres para acabar con el elemento desencadenante de la depresión que se ha establecido en la relación padres-hijo.

53 ¿Es posible educar a un niño sin que esto provoque continuas lloreras?

La educación se basa en la frustración, un sentimiento que el niño experimenta pronto, en cuanto es capaz de distinguir entre él y los demás. El pequeño se da cuenta de que no puede hacer todo lo que quiere (primero físicamente) y de que los demás pueden hacer cosas con él independientemente de su voluntad.

Los demás son su madre, la canguro o cualquier objeto que el niño no pueda controlar. Al principio el pequeño siente rabia contra aquello que se le resiste. Luego, esta rabia se transforma en una agresividad que el pequeño manifiesta a través de gestos como morder, dar patadas, tirar los juguetes, oponerse a la fuerza y retorcerse en el suelo. Por lo general, el niño no tarda en sentirse desbordado y

Un rigor excesivo puede tener como resultado un niño bueno, pero también un niño al que le cueste expresarse afectivamente y que se encierre en sí mismo.

asustado por sus propios sentimientos de agresividad. Está dividido entre el amor y el odio que siente hacia su madre o hacia la canguro, y ya no sabe si quiere o no aquello que le ha provocado semejante enfado. La frustración siempre es difícil de soportar, pero es inevitable e indispensable, ya que de no experimentarla el niño corre el riesgo de convertirse en un pequeño tirano.

Imponer
normas a los niños
no siempre es fácil.
No os limitéis a prohibir;
explicadles en la medida
que sea posible el
porqué de vuestras
exigencias.

En ocasiones, el niño se muestra testarudo. ¿Por qué semejante insistencia? De la frustración y el fracaso nacen las energías para volver a la carga. Y del esfuerzo surge la consciencia de su capacidad. El fracaso da valor al éxito. El niño, a partir de experiencias difíciles, adquiere los gestos y el razonamiento necesarios para el éxito.

Para crecer, el niño necesita unas normas de conducta. De esta forma aprende a vivir en sociedad, a gozar de un buen estado de salud y a tener una imagen positiva de sí mismo. Pero las prohibiciones son más fáciles de soportar si se limitan a unos cuantos ámbitos determinados, si son constantes y si las necesidades del niño se ven satisfechas de alguna otra forma.

Sin embargo, para un niño la desobediencia es algo banal. De este modo se demuestra a sí mismo que

UN PEQUEÑO CONSEJO

Mostraos compasivos con él cuando esté triste y agradecidos con los esfuerzos que realiza al obedeceros. De este modo aprenderá a portarse bien y se dará cuenta de que la renuncia es más gratificante que el enfado. Al final acabará estando contento por portarse bien.

existe y que él también tiene cierto poder sobre los seres y las cosas que lo rodean. Así pues, regularmente pondrá a prueba los límites de lo que puede y no puede hacer.

La firmeza y la imposición de las normas establecidas son imprescindibles, si bien no deben hacer dudar al niño en ningún caso del amor de los suyos. El pequeño será más obediente cuanto más querido se sienta. Poco a poco irá adquiriendo el sentido de la disciplina y asimilando y adoptando los límites marcados por sus padres.

Sin embargo, para que el niño obedezca la disciplina ha de ser tolerable. Decir constantemente que no a un niño es sentar las bases de una relación de oposición y rabia. La obediencia basada en la imposición no es eterna y presagia problemas importantes, sobre todo en la adolescencia.

Para construirse una personalidad, el niño necesita unos límites y, por lo tanto, disciplina. La ausencia de prohibiciones provoca inestabilidad, agitación y falta de motivación en el niño, que en algunos casos puede incluso llegar a sufrir trastornos de la personalidad mucho más graves. Las prohibiciones permiten, pues, una integración en la sociedad.

UN PEQUEÑO CONSEJO

Los «buenos» padres son aquellos que se alegran de ver que sus hijos transgreden un poco su autoridad. Todos deseamos que nuestros hijos compartan nuestras opiniones, si bien también esperamos que nos ofrezcan otras vías de conocimiento y de reflexión. Lo que es seguro es que el pequeño necesita sentir tanto aceptación como frustración. Hay que saber decirle «no» para que acepte la autoridad familiar. Los niños megalómanos siempre creen que son ellos los que mandan a todos los miembros de su familia. Una buena comunicación con los hijos es fundamental en su educación. Pactad con ellos el cumplimiento de algunas normas de convivencia; si les hacéis partícipes, seguro que todo será más sencillo.

SABER +

Todos los niños necesitan que los padres les impongan unos límites para poder crecer, aunque ellos se resistan muchas veces a cumplirlos. Una de las cosas más importantes es que los padres se pongan de acuerdo en la disciplina que quieren imponer a sus hijos; no hay nada más desconcertante para unos niños pequeños que las normas varíen dependiendo del momento y del padre. A medida de que los niños crezcan, la disciplina puede ser un poco menos estricta y ofrecer opciones, limitadas, a los niños, de forma que estos piensen que gozan de una libertad de oportunidades. Sin embargo, debéis ser firmes en vuestras decisiones, sin gritar, pero sin dudar de las órdenes que les dais. En muchas ocasiones debéis acentuar la parte positiva; no os limitéis a decir que no hagan algo, explicadles lo que deben hacer.

El llanto en las distintas etapas

El llanto suele ir ligado a las etapas de desarrollo. Se han de tener en cuenta los gestos de consuelo.

Al mes
• El niño llora porque tiene hambre o porque se siente incómodo.
Darle el pecho o el biberón acalla el 90 % de sus llantos.

A los 2 meses
• El niño llora para llamar la atención de su madre. Su llanto es diferente según sus necesidades.
La voz de sus padres lo calma.

A los 3 meses
• El pequeño llora de alegría.
• Su llanto es menos frecuente.
Cuando ve el biberón, el bebé se calma, ya que sabe que este objeto es una fuente de placer.

A los 4 meses
• El niño llora de aburrimiento, pero se ríe a carcajadas cuando le hacen cosquillas.
Los juguetes para morder y los que emiten música le ayudan a quedarse solo en la cuna.

A los 5 meses
• Al niño no le gusta estar solo.
• A veces llora por la noche.
• Necesita a su muñeco de peluche.
• Tiene miedo de que su madre se vaya.
Ha llegado el momento de enseñarle a dormir toda la noche.

A los 6 meses
• Llora cuando pierde un juguete.
• Llora para que lo sienten.
• Llora de cansancio cuando ha tenido demasiadas distracciones.

- Le impresionan los ruidos fuertes.
- Duerme peor.
- Le sale el primer diente.
- Odia perder el equilibrio.

El pequeño debe llevar un ritmo de vida adecuado.

A los 7 meses

- Llora porque necesita compañía.
- Entiende que sus padres son capaces de no responder a sus lloros y se calla, totalmente frustrado.
- Llora emitiendo el sonido «mm».
- Tiene una gran inestabilidad emocional que le hace pasar fácilmente de la risa al llanto.

Le encanta estar rodeado de los suyos.

A los 8 meses

- Llora cuando ve a un desconocido o a un conocido que ha cambiado de aspecto.
- Conoce la palabra «no» y puede llorar hasta que se pronuncie con autoridad.

Le gusta jugar al «¿Dónde está? Aquí está».

A los 9 meses

- Llora cuando sus padres lo regañan.
- Le da miedo ver enfadados a los adultos.
- Se pone contento cuando logra mantener el equilibrio y dar sus primeros pasos.
- Comienzan las primeras caídas dolorosas.

Le encanta andar a gatas o agarrándose a los muebles.

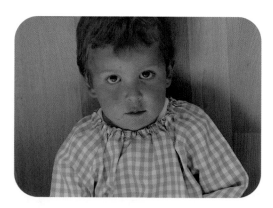

A los 10 meses

- Empieza a entender algunas prohibiciones.
- No quiere quedarse acostado cuando está despierto y muestra su descontento.

Es una persona activa y quiere jugar.

A los 11 meses

- Le da miedo el vacío.
- Pasa fácilmente de la risa al llanto.
- Pide que lo hagamos caminar.

Se comunica con los demás mordiéndolos, si bien él también recibe algún que otro doloroso mordisco.

Al año

• Conoce el significado de la palabra «no».
• Se enfada cuando camina con paso vacilante y se cae.
• Llora cuando le llevan la contraria.
• Odia los cambios bruscos de situación.
• Soporta peor las separaciones.
• En ocasiones se despierta en mitad de la noche.

Ser el centro de todas las preocupaciones familiares lo hace feliz.

A los 15 meses

• Entra en la primera fase de oposición.
• Puede negarse a bañarse en el mar.

Quiere hacerlo todo solo, pero suele ser víctima de sus torpezas.

A los 18 meses

• Las comidas se tornan complicadas.
• Lo explora todo, hace tonterías y se expone a todo tipo de peligros.

Es preferible no dejarlo nunca solo.

A los 21 meses

• Sube las escaleras.
• Suele despertarse en mitad de la noche.
• No quiere acostarse.
• Le da miedo desaparecer por el retrete o por el desagüe de la bañera.

Los hábitos de higiene alimentan muchos de sus miedos.

A los 2 años

- Se pelea por los juguetes, araña y estira del pelo a los niños de su edad, si bien él también recibe su dosis. No quiere compartir nada con los demás.
- Se coge unas rabietas impresionantes.
- Siempre dice que no a lo que le dicen sus allegados.
- Llora cuando sus padres se van.
- Necesita un verdadero ritual a la hora de acostarse.
- Tiene miedo de que sus padres lo abandonen.

Le gusta que le cuenten un cuento.

A los 2 años y medio

- Le da miedo dormir.
- Le dan miedo las máscaras y los payasos.
- Le dan miedo los ruidos en mitad de la noche.

Le gusta dormirse con una luz encendida.

A los 3 años

- Se muestra autoritario y se enfada cuando no obtiene lo que quiere.
- Le dan miedo los animales y la oscuridad.
- Tiene pesadillas.
- Su peluche ya no es tan importante.

Al niño le encanta hacer lo que hacen los mayores.

A los 4 años

- Tiene miedo al fracaso.
- Tiene miedo a la muerte si ha debido enfrentarse a ella.
- Le dan miedo las tormentas.
- Le dan miedo las personas malas.
- Le da miedo perderse.

Curiosamente, las historias de monstruos lo tranquilizan.

Bibliografía

El bebé: instrucciones de uso, Larousse Editorial, Barcelona, 2008.

Padres, Larousse Editorial, Barcelona, 2008.

Rufo, M. y Schilte, Ch., *Zzzzz. Mi bebé duerme bien*, Larousse Editorial, Barcelona, 2008.

Rufo, M. y Schilte, Ch., *Gugu-tata. Mi bebé ya habla*, Larousse Editorial, Barcelona, 2008.

Grandsenne, Ph., *Ñam-ñam. Mi bebé come bien*, Larousse Editorial, Barcelona, 2008

Aletha Solter, *¿Qué hacer cuando un bebé llora?*, Aware Parenting Institute.

Brazelton, T. y Sparrow, J., *Cómo calmar al bebé que llora: el método Brazelton*, Ediciones Médici, 2007.

Cubells, J.M., y Ricart, S., *¿Por qué lloras?*, Martínez Roca, Barcelona, 1999.

Estivill, E. y de Bejar, S., *Duérmete niño*, Plaza y Janés, Barcelona, 1997.

Estivill, E., *Insomnio infantil*, Acta Pediátrica Española, 1994.

Estivill, E. y Domènech, M., *¡A comer! Método Estivill para enseñar a comer a los niños*, Plaza & Janés, Barcelona, 2004.

González, Carlos, *Bésame mucho*, Ediciones Temas de Hoy, S.A., Madrid, 2003.

González, C., *Mi niño no me come*, Ediciones Temas de Hoy, Madrid, 2004.

Jones, S., *Por qué llora tu bebé y cómo calmarlo*, Ediciones Médici, 1995.

Jové, Rosa, *Dormir sin lágrimas: dejarle llorar no es la solución*, La esfera de los libros, Madrid, 2007.

Kitzinger, S., *No llores más: guía práctica para que los bebés dejen de llorar*, Bruño, 2007

Direcciones de interés

• **Asociación española de pediatría**
C/ Aguirre, 1 bajos dcha.
28009 Madrid
Tel. 91 435 49 16
www.aeped.es

• **Societat catalana de pediatria**
Major de Can Caralleu, 1-7
08017 Barcelona
Tel. 93 203 03 12
http://www.scpediatria.cat

• **Instituto de investigaciones del sueño**
C/ Alberto Alcocer 19, 1º dcha.
28036 Madrid
Tel.: 91 345 91 29
www.iis.es/index.php

• **Clínica del sueño Estivill**
Institut Universitari Dexeus
Rosales 9
08017 Barcelona
Tel.: 93 212 13 54
www.doctorestivill.com/index.asp

• **Unidad valenciana del sueño infantil**
Hospital Clínica Quirón Valencia
Avda. Blasco Ibáñez 14
46010 Valencia
Tel.: 96 362 08 88
www.uv-si.com

• **Sociedad española de gastroenterología, hepatología y nutrición pediátrica**
Hospital Universitario de Valme
Servicio de Gastroenterología Pediátrica
Carretera de Cádiz s/n
41014 Sevilla
Tel. 955 01 57 45
www.gastroinf.com

• **Asociación de madres Liga de la leche**
www.laligadelaleche.org

• **Asociación de madres Vía Láctea**
www.vialactea.org

Índice

A
aburrimiento, 23
activo, 35
adormecimiento, 28
alucinaciones hipnagógicas, 82, 83
analgésicos, 54
angustia de fragmentación, 57
ansiedad del anochecer, 26
azote, 69

B
baño, 23, 24, 39

C
caídas, 63
cansancio, 23
caprichos, 96, 97
celos, 98, 99
chupete, 24, 25
cólico, 32, 33, 39
comida, 62
crisis, 49

D
dentición, 42
dolor, 29, 53, 54, 73
dormir, 44

E
educación, 102
enfado, 22
eructo, 21
escala Edin, 73
espasmo del sollozo, 34, 56, 76
excitable, 35

F
fase edípica, 85
frustración, 23, 102, 104

G
guardería, 46

H
hambre, 16, 22
hipersensible, 35
hospitalismo, 30

L
lágrimas, 15
llanto, 12, 14, 15

M
masaje, 37
miedo, 66, 82, 83, 88, 89, 90
   a la oscuridad, 91, 92

O
objeto transicional, 54
otitis, 51

P
pálido, 56
paracentesis, 51
parvulario, 95
pasivo, 35
pediatra, 57
pelea, 98
pesadillas, 66, 84, 85, 91
primer llanto, 12, 13

Q
rabietas, 48, 76, 77, 93, 94
ritual, 28, 48

R
soledad, 33
succión, 25
sueño, 52

S
terror nocturno, 86, 87
timidez, 100, 101
trastornos del sueño, 79, 81